ACCESO GRATIS ***a la Lectura en la Nube***

Para visualizar el libro electrónico en la nube de lectura envíe junto a su nombre y apellidos una fotografía del código de barras situado en la contraportada del libro y otra del ticket de compra a la dirección:

ebooktirant@tirant.com

En un máximo de 72 horas laborales le enviaremos el código de acceso con sus instrucciones.

¿EXISTEN DERECHOS HUMANOS PARA PERSONAS PRIVADAS DE LIBERTAD EN CENTROS PENITENCIARIOS?

CASO DE MÉXICO, 2017-2021: UN ANÁLISIS ESTADÍSTICO

Procedimiento de selección de originales, ver página web:
www.tirant.net/index.php/editorial/procedimiento-de-seleccion-de-originales

¿EXISTEN DERECHOS HUMANOS PARA PERSONAS PRIVADAS DE LIBERTAD EN CENTROS PENITENCIARIOS?

CASO DE MÉXICO, 2017-2021: UN ANÁLISIS ESTADÍSTICO

Mohammad H. Badii
David E. Castillo Martínez
Amalia Guillén Gaytán
Karina Soto Canales

UANL

tirant lo blanch
Ciudad de México, 2024

DISTRIBUYE: TIRANT LO BLANCH MÉXICO
Av. Tamaulipas 150, Oficina 502
Hipódromo, Cuauhtémoc, CP 06100, Ciudad de México
Telf: +52 1 55 65502317
infomex@tirant.com
www.tirant.com/mex/
ISBN: 978-84-1071-227-0

Si tiene alguna queja o sugerencia, envíenos un mail a: *atencioncliente@tirant.com*. En caso de no ser atendida su sugerencia, por favor, lea en *www.tirant.net/index.php/empresa/politicas-de-empresa* nuestro procedimiento de quejas.

Responsabilidad Social Corporativa: http://www.tirant.net/Docs/RSCTirant.pdf

Índice

Prólogo

Para las personas privadas de libertad en centros penitenciarios en México durante los cinco años (2017-2021) de la investigación se puede resumir que hay mayor cantidad de espacios estatales que federales, pero con presupuesto mayor para los C.P. federales que estales. Existe mayor ingreso que egreso para los C.P. estatales y con resultado contrario para el caso de C.P. federales. En término promedio hay 19 veces más hombres en los C.P. que mujeres durante los cinco años, sin embargo, no se encuentra diferencia significativa entre los promedios de las cantidades de hombres y mujeres entre los años 2020 y 2021, y, además, la cantidad de mujeres en 2020 sirve como mejor predictora de porciento total de PPL en los C.P. Los niveles iniciales de la escolaridad ("secundaria", "preescolar" y "preparatoria", en orden decreciente de magnitud) contienen la mayoría abrumadora de las PPL en los C.P. Por tanto, la falta de escolaridad o los niveles bajos de la educación son donde se deben cuidar para no cometer delitos que causan la privación de la libertad para las personas. El nivel máximo de los % de personas con discapacidad se encuentra en el rubro "dificultad por ver", seguido por los rubros "dificultad para caminar", "dificultad para actividad diaria" y "otros tipos", respectivamente. No se encontró diferencias significativas entre los promedios de los porcientos de menores de 6 años con sus madres entre dos años de 2020 y 2021. Existe una alta variabilidad (casi 4 veces entre el valor mínimo y el valor máximo) entre la cantidad de quejas presentadas en C.P. (Federales y Estatales), durante el periodo de 2017-2021. Cabe resaltar la presencia de casi 3 veces más quejas en el año 2019 comparado con otros cuatro años de 2017, 2018, 2020 y 2021. Existe una alta similitud (sin diferencia entre las medias) entre los % de PPL tanto hombres como mujeres en C.P. que no ha recibido sentencia durante el lapso que abarca 2017 hasta 2021. Además, a partir del año 2017, el % de PPL en C.P. sin recibir sentencia incrementa el 235% y el 239% anual para los hombres y las mujeres, respectivamente. Por tanto, de acuerdo con estos resultados, la situación de los derechos humanos de PPL en C.P. en México por lo menos es cuestionable. Algunos focos rojos que requieren atención incluyen: (a) La situación diferencial no adecuada de los presupuestos dedicados a los C.P. estatales y federales. De hecho, tomando en cuenta la enorme diferencia entre las poblaciones de PPL entre los dos espacios, con cantidades muy superiores de PPL en los espacios estatales versus espacios federales, se deben tomar decisiones en relación con los presupuestos para cada espacio, proporcional al flujo de PPL y en función de la cantidad diferencial de ellos que egresan de cada espacio. (b) Muy poco egreso de las penitenciarías federales versus cantidades enormes para las penitenciarías estatales. (c) La situación de casi 19 veces más hombres que mujeres en los Centros Penitenciarios. (d) Los niveles iniciales de la escolaridad ("secundaria", "preescolar" y "preparatoria", en orden decreciente de magnitud) contienen una mayoría abrumadora de las personas privadas de libertad. Por tanto, la falta de escolaridad o los niveles bajos de la educación son donde se deben cuidar para evitar cometer delitos que causan la privación de la libertad para las personas. (e) La existencia de casi 3 veces más quejas en el año 2019 comparado con los otros cuatro años. (f) La situación en donde partir del año 2017, el % de las sentencias no recibidas incrementa el 235% y el 239% anual para los hombres y las mujeres en los C.P., respectivamente.

SECCIÓN I

CONTEXTO DESCRIPTIVO

Breve recorrido histórico de la configuración socioespacial de la cárcel. Consideraciones de humanidad, diseño y habitabilidad

INTRODUCCIÓN

Abordar un tema como el de las prisiones requiere, forzosamente, un análisis espacial desde la habitabilidad, para lo cual se precisa de una concisa revisión cronológica para establecer los antecedentes socioespaciales que configuran las edificaciones en las que se restringe el derecho a la libertad personal como reacción y solución social justificada, cuyo propósito se reduce a la protección de los derechos fundamentales de una sociedad y, que permite en nombre de un interés colectivo, vivir con seguridad.

En lo concerniente a los aspectos físicos o materiales de los conjuntos presidiarios, desde lo arquitectónico o urbano, se recupera a través de la historia, la evolución de la edificación o del espacio destinado a la reclusión, desde las cualidades físicas como: la morfología, la justificación del programa arquitectónico, los aspectos constructivos y espaciales de dichos sitios (dimensiones, cualidades, entre otros), no sin antes establecer los retos y condicionantes (sociales, económicos, políticos, religiosos, medioambientales y espaciales). En la revisión de la literatura, al identificar y, posteriormente, abordar los conceptos o propósitos de los programas arquitectónico-urbanísticos de las prisiones, queda claro que este espacio se relaciona con diversas dicotomías como, por ejemplo: libertad-esclavitud, caos-control, sumisión-poder, obediencia-castigo, inhabitable-habitable, descuido-vigilancia, solo por mencionar algunas. De tal manera, se estructuran los antecedentes desde diversas perspectivas como la facilitada por la religión o la política.

El breve recorrido temporal permite recopilar evidencias con las cuales se cuestiona la configuración actual de dichos recintos, con la finalidad de establecer los propósitos de la reclusión y cuestionar si las condiciones espaciales (arquitectónicas o urbanísticas) preservan o atentan a la dignidad individual, por lo que, a su vez, el documento establece posturas con las cuales se podría reconfigurar el espacio de reclusión en función de la reinserción o el tipo de condena.

Los hallazgos obtenidos de la presente investigación cuestionan la postura hegemónica que ha determinado las características de diseño de los espacios carcelarios y vislumbra si es esta postura es la idónea para subsanar socialmente al preso, sobre todo, si el tipo de sanción cometida representa la reincorporación de los sujetos a una sociedad que permanentemente estigmatiza y excluye a quienes cuentan con antecedentes penales.

CRONOLOGÍA DE LOS ESPACIOS DE RECLUSIÓN: DEFINICIÓN, CONFORMACIÓN Y CONDICIONANTES DESDE LAS REPRESENTACIONES DE PODER

La real academia de la lengua española por definición establece la cárcel como el lugar donde se recluyen los presos; sin embargo, la configuración original de lo que en dicho espacio se procura, se gesta desde la relación con el mal; desde un enfoque de la religión, el sitio, se establece como, el infierno (inferior). Por lo tanto, a través de la historia se puede identificar como, espacialmente, la condena del preso se lleva a cabo en total aislamiento y, en algunos casos, incluso bajo tierra (sótanos o mazmorras) y como, con el paso del tiempo y en la mejor de las situaciones, se reconfigura el lugar (edificio, conjunto, programa) de un habitáculo inhumano a un espacio donde, a pesar de la condena del presidiario, se procuran y facilitan actividades que salvaguardan su condición humana, un lugar donde la circunstancia de la prisión no suprime los derechos individuales (igualdad, seguridad jurídica y personal, alimentación).

La historia, analizada con interés hacia lo espacial o territorial, desde la arquitectura y urbanismo, permite identificar los mecanismos implementados para garantizar el orden, control y seguridad de los asentamientos; es solo a través del tiempo que se reconocen las formas o estructuras espaciales en las que se confinan a los reclusos o prisioneros, porque se exhiben y diferencian las razones por las que un sujeto se encarcela y sólo así, comprender si los motivos que originaron la reclusión continúan o se modifican.

En cuanto a la perspectiva señalada previamente, la relativa a los aspectos socioespaciales, Muñoz (2008) manifiesta que en el diseño urbano se evidencia históricamente la inclusión de elementos espaciales de control como una representación socioespacial del poder, aunado a lo anterior, Chafón (2004) menciona que la cárcel no debe asumirse como una simple construcción, porque en ella se establecen las posturas hegemónicas, y, que desde la planeación del proyecto se establecen las formas, volúmenes, emplazamiento o condiciones locativas con las que se garantiza la seguridad y el control. Con el desarrollo del presente documento se exhibe la transición de la conformación, diseño, planeación y construcción de los conjuntos carcelarios, los cuales se producen a partir de cambios de pensamiento, como el que ocurre en la configuración de la cárcel desde la arquitectura moral a una cuyo enfoque se adapta a la arquitectura social; autores como Durkheim (citado por Habermas, 1985) analiza las normas preestatales (el pecado original), y, el castigo, como efecto del incumplimiento de las normas; esto debido a que previo a la autoridad estatal, los individuos reconocen y desarrollan sus acciones en función de una autoridad moral (Dios); posteriormente, Hobbes (citado por Balandier, 1988) define la relación del cuerpo social con el Estado, este último como institución dominante o como soberano absoluto que se encarga de establecer una jerarquía.

De acuerdo a Mumford (1979) en Roma en el 264 a. C. se modifica el sentido de las luchas de gladiadores, debido a que se emplean dichos eventos para castigar públicamente a los criminales, el impacto de dicha medida vació las cárceles por lo que tuvieron que generar expediciones militares cuyo fin era el de concentrar víctimas, que posteriormente serían torturadas y sacrificadas, para deleite del público; de tal manera, se evidencia que más que la procuración de justicia y la reclusión de alguna clase de criminal, son otros propósitos los que estructuran el poder, el control y, por lo tanto, la justica. Para comprender el proceso previamente expuesto Balandier (1988) explica cómo durante el imperio romano, el emperador ejerce el poder, aunque esto signifique que se actué con injusticia, cualquier miembro del cuerpo político produce efectos desfavorables para el conjunto y ante dichas situaciones es necesario y justificable la eliminación o amputación de aquél componente corpóreo para su restauración o renovación, así también, revela que es hasta finales de la Edad Media cuando se logra la recuperación de los derechos ciudadanos, lo que termina con los poderes absolutos de los soberanos (emperadores, reyes, príncipes), con los que finalmente se reconfigura el poder y la justicia; igualmente, Ricoeur (1986) señala que la ruptura política-social de la ciudad clásica griega (jerarquizada a partir de la confrontación y diferenciación social entre ciudadanos y esclavos) se suscita con la consolidación de la religión del cristianismo, lo que posibilita engendrar la revolución social que permite una nueva configuración del cuerpo social.

La enciclopedia de arquitectura "Plazola" en su volumen nueve (2001) incluye un apartado sobre el reclusorio que inicia le recopilación del tema en el siglo VII a.C. en territorios griegos y termina a finales del siglo XX (ver Figura 1); se establece que originalmente la función del espacio era el castigo y por lo tanto, los procesos de reclusión se ejercen en cámaras subterráneas, posteriormente en Jerusalén el espacio similar a la cárcel se concibe en tres edificaciones o espacios (Beth-ha-kelí, Beth-ha-asourin y Beth-ha-mahpecheth) donde según fuera la situación "jurídica" del prisionero era el sitio que ocuparía como detenido, condenado o encadenado; sin embargo, el primer cambio sustancial de la configuración espacial de la prisión se produce en Roma, en la edificación denominada Cárcel Mamertino recinto de varios niveles de construcción (sobre y bajo tierra) por lo que, en él se percibe simultáneamente el viejo formato de celda (calabozos sin iluminación ni ventilación) y el nuevo formato de prisión (ver Figura 2).

Figura 1. Cronología y geografía de los conceptos y sistemas arquitectónico-urbanísticos relacionados con los espacios de reclusión.

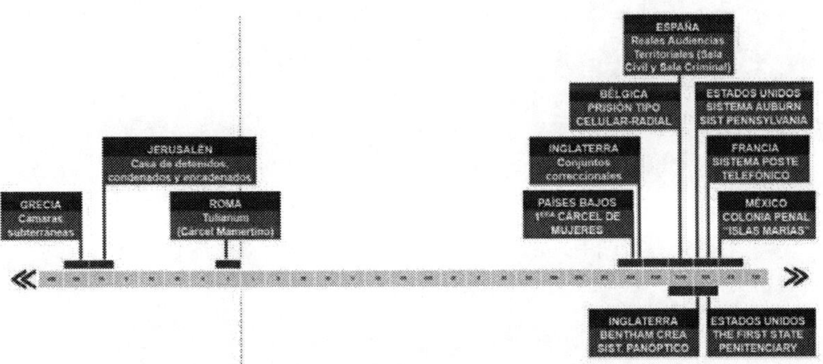

Fuente: Datos propios (2022) con información de Diccionario de Arquitectura Plazola V.9, 2001 y Katzman, 1993.

Se considera oportuno señalar que a la imagen previa también debe añadirse el factor o variable de la religión, ya que algunos de los espacios carcelarios se conocen, por narraciones y representaciones gráficas, a partir del cristianismo (siglo I a.C), una de las cuales se vincula a la ya anteriormente mencionada Carcere Mamertino o Tullianum, que data de dicho período y, que aún se encuentra en pie, en ella estuvieron presos los apóstoles Pedro y Pablo (ver Figura 2). En la imagen, igualmente, se identifica una mayor concentración de postulados (teórico – práctico) a partir del siglo XVI con la construcción de la primera cárcel de mujeres y las modificaciones funcionales (programa arquitectónico) al considerar el proceso de reclusión como un espacio donde también se desarrollan nuevas habilidades o competencias de los reclusos, y entonces reconsiderar la prisión como un espacio de castigo a un espacio de trabajo (1650), finalmente la línea cronológica tiene su fin hacia 1905, año en el que se habilita la primera colonia penal en México, las "Islas María".

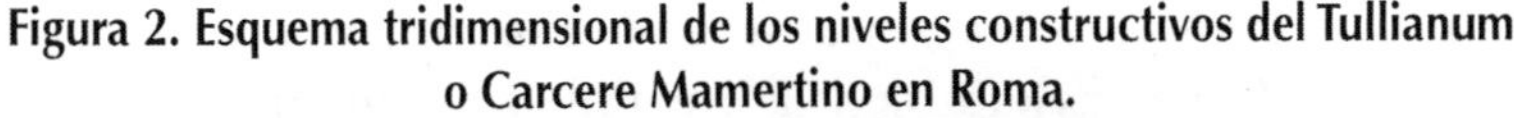

Figura 2. Esquema tridimensional de los niveles constructivos del Tullianum o Carcere Mamertino en Roma.

Fuente: Elaboración propia (2022) con información de https://www.roma.com/il-terribile-carcere-mamertino/.

La imagen previa permite reconocer que bajo tierra se encuentran espacios de resguardo o confinamiento (Tullianum), y que por lo tanto, la ventilación e iluminación, no se procuran en dichos sitios, para acceder al lugar en el piso del nivel superior hay un orificio de forma circular y desde dicha abertura se arrojaban a los presos, por lo que también se comprende que se puede acceder a dicho sitio, más no salir, y que esto solo podría ser posible si así lo permitiese el sistema y con apoyo de algún artefacto, así también la hostilidad del lugar se percibe a través de sus materiales, que en estado natural son ásperos y fríos; por lo tanto, la integración de las cualidades físicas de la edificación permite establecer como inhumano o infrahumano las condiciones de habitabilidad del lugar, en él no es posible una vida digna y bajo la configuración espacial se perpetua la condición de infierno/inferior.

De acuerdo a Mumford (1979) en los primeros asentamientos, al igual que otros espacios públicos (abiertos y cerrados), la cárcel, también se localizaba dentro de los palacios, o en su defecto, en de otros espacios de orden público como: el cuartel o el tribunal. Particularmente, Chafón (2004) refiere que a finales del siglo XVIII en España se crean las Reales Audiencias Territoriales, las cuales dan origen a las Salas de lo civil y de lo criminal, según fuera el caso se establecía la sentencia, cuyo espectro contiene desde la multa hasta la pena capital; simultáneamente, en la Nueva España, el espacio destinado para la prisión se incorpora al cuerpo edilicio de las Casas Reales o las Casas de Cabildo, tal como sucede en ciudades del continente europeo.

Al retomar el cambio de paradigma sobre el propósito social de la cárcel, y posterior a la construcción de la cárcel de mujeres en 1593, el proyecto de las prisiones se plantea no sólo como una idea sino como un proyecto integral; donde algunas de las aportaciones más relevantes se presentan en el Sistema Auburn, el Sistema Pennsylvania y el Modelo Panóptico, las consideraciones además de plantear objetivos se develan en la composición espacial de los objetos arquitectónicos que se modulan para posteriormente ser implementados a nivel mundial. Las formas en algunos casos simulan a una fortaleza, tal como se diseñaron algunas ciudades medievales, un espacio que se vigila desde lo alto ya sea en torres de vigilancia o desde el borde o muro de contención, cuyas formas varían en función del perímetro del conjunto, y por lo mismo, se encuentran casos, cuyas plantas de conjunto poseen morfología de tipo estrella, abanico o media estrella, tal es el caso que hacia 1773 se habilitara en Bélgica con el proyecto de la Prisión Gante cuya característica era la planta arquitectónica tipo celular radial, la cual posteriormente se ajusta en diversas formas como: estrella, abanico o media estrella (ver Figura 3).

Es en el mismo año, 1773, cuando John Howard establece una serie de recomendaciones para el diseño y la ubicación de un conjunto carcelario (ver Figura 3); sin embargo, dichas consideraciones son poco claras en su ejecución como la referente a seguridad y facilidad para vigilar, que no proporciona algún dato concreto de cómo lograrlo, situación contrapuesta a la establecida en la recomendación sobre la forma de las celdas.

Figura 3. Recomendaciones para la arquitectura carcelaria diferenciada por aspectos sociales, morfológicos y de localización.

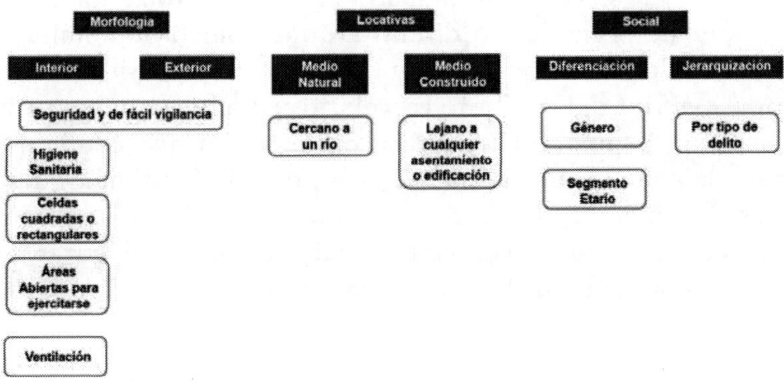

Fuente: Elaboración propia (2022) con información de Enciclopedia de Arquitectura Plazola, 2001 y Katzman, 1993.

Como parte del análisis de las características plasmadas por Howard, mostradas en el gráfico anterior, se identifican tres grandes grupos en función de la forma de la edificación (interior y exterior), los aspectos locativos o relativos al emplazamiento del conjunto carcelario diferenciadas por las condiciones naturales del terreno y las construidas en el asentamiento donde se localizará la prisión y, lo relativo a los aspectos sociales, cuya diferenciación también establecerá nuevas directrices de diseño. Sin embargo, los sistemas carcelarios se reconciben bajo una nueva perspectiva, esto en gran parte a las aportaciones de Jean Nicolas Louis Durand, quien fundamenta y clasifica la conveniencia espacial a partir de tres aspectos: solidez, salubridad y comodidad, valores que se sumaban a otros como unidad, contraste, escala, orientación, solo por mencionar algunos (Durand, 1981). El impacto de dicha postura en el proceso de diseño arquitectónico genera dos nuevos modelos durante el siglo XVIII, el sistema Auburn y el sistema Pennsylvania, el primero permite según el programa arquitectónico el trabajo de los presos en grupos en silencio total y, en el segundo, se le denomina también como encierro celular absoluto porque cada preso realiza sus tareas desde su celda en silencio y aislamiento total[1]; también se concibe el modelo o diseño arquitectónico denominado "poste telefónico" que más que facilitar la disposición interior/exterior del conjunto carcelario se limita a establecer la forma de "espina" de la planta arquitectónica cuya configuración se contrapone al sistema panóptico de Bentham, mientras el primero tiene una forma centrífuga con varios cuerpos que conectan con el centro de la edificación (ver Figuras 4 y 5) en el panóptico, el espacio gira en torno al centro y desde él se vigila permanentemente cada una de las celdas.

---

1 De acuerdo con García (2009) el propósito de la configuración espacial es la de evitar el reconocimiento individual del presidiario lo que permite que al terminar la condena pueda reincorporarse a su vida sin temer ser estigmatizado o señalado.

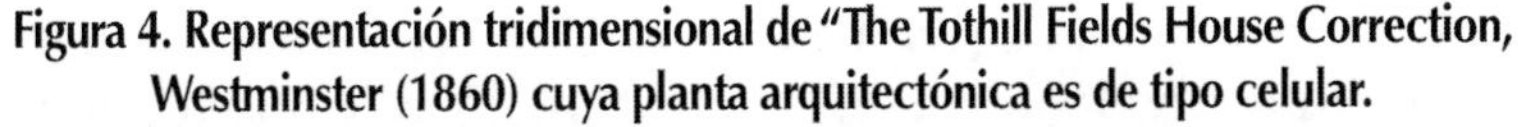

Figura 4. Representación tridimensional de "The Tothill Fields House Correction, Westminster (1860) cuya planta arquitectónica es de tipo celular.

Fuente: http://www.theprison.org.uk/bridewell/.

A partir del análisis de Hidalga (citado por Katzman, 1993) se identifican las características del sistema Pennsylvania que vulneran o debilitan desde su funcionamiento los objetivos de la cárcel, procurar la seguridad y vigilar, lo cual se resume en los siguientes puntos: primero, que debido a la disposición central, entre mayor sea la longitud de cada cuerpo disminuye la vigilancia y control de las últimas celdas de cada pasillo situación que se produce tanto dentro como por fuera de la edificación, debido a la morfología centrífuga se complica la vigilancia de cada espacio abierto, patio o ventana y por lo tanto, se incrementa el número de guardias necesarios para mantener el espacio seguro; segundo, que la forma de la planta arquitectónica posee una limitante en cuanto a la cantidad de celdas ya que el programa solo permite tener dos niveles de construcción por cuestiones de ventilación e iluminación; y, tercero, en cuanto a la acústica, la longitud de los corredores también representa una limitante, debido a que se favorece la propagación del sonido. Con respecto al Sistema Auburn también denominado sistema de reclusión no absoluto, aunque el conjunto carcelario se despliegue sobre un polígono rectangular y se facilite la regularidad, eso no representa que este modelo fuese más económico para su construcción, esto en parte a que el cuerpo que contiene las celdas está dentro de otro edificio, sin embargo, a pesar de su configuración, los obstáculos o debilidades presentadas, en el sistema Pennsylvania, se replican en materia de vigilancia, ventilación, iluminación y acústica, por lo tanto, no se advierte una mejoría sustancial entre ambas propuestas. Entonces, las palabras de Castells (1981) adquieren sentido, ya que expresa que son los espacios los que deterioran las relaciones sociales. Al respecto, Bauman (1994) explica que algunos lugares siguen el modelo de las instituciones totales, como, por ejemplo: los internados, los cuarteles militares, las cárceles o los hospitales psiquiátricos; las instituciones establecidas en los conjuntos operan bajo estrictos reglamentos (uniformes, horarios, actividades, entre otros), los cuales se llevan a cabo por medio de una logística y vigilancia donde quien infringe las normas se castiga. De tal manera, desde la morfología de las instituciones totales se confronta el modelo de comunidad, debido a que se limita la interacción social y, por lo tanto, la conformación de redes sociales.

Los resultados de orden y control alcanzan otro nivel cuando en una institución total, como la cárcel, se implementa el método panóptico o sistema circular, instaurado por Jeremy Bentham, cuyo planteamiento era una "arquitectura moral" con la cual se reorganizaría el mundo, bajo su organización espacial se cumple con el principio de reconcentración y unidad, un lugar donde cientos de hombres se encuentra dependiendo de uno solo, al cual se le otorga una presencia universal e invisible; a lo que Baert (2001) denomina "observación jerárquica" donde se le examina de manera frecuente y sistemática; Foucault en el prólogo de "El Panóptico" (Miranda, 1979) explica que bajo dicho método se evitan: contacto, proximidad y amontonamiento, y simultáneamente se garantiza la ventilación, en un espacio dividido, donde se vigila a un individuo en particular o a todos los reclusos; aunado a lo anterior, Bauman y Lyon (2013) explican que, en prisiones, la morfología de la edificación (planta arquitectónica semicircular) permite lograr el control, con vigilancia permanente, sin que el recluso se percate de esto debido a que en el centro se dispone el área de inspección oculta tras una serie de barreras angulares que no permite visibilidad desde el exterior (ver figura 5).

Figura 5. Interior y Exterior de un conjunto carcelario de tipo panóptico en Cuba.

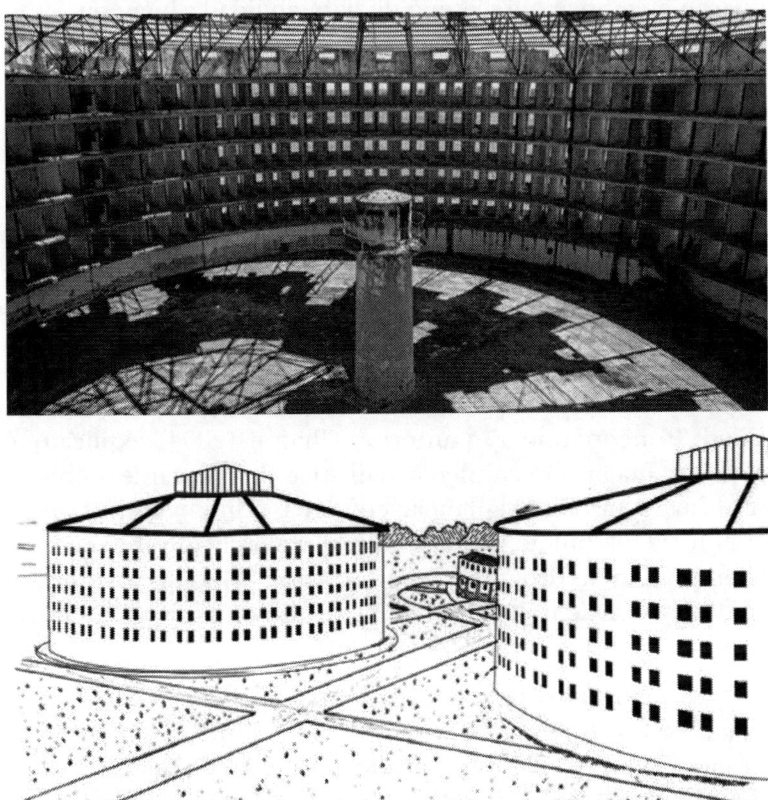

Fuente: Datos propios (2022) con información de https://bajopalabra.com.mx/el-panoptico-cubano-donde-fidel-estuvo-dos-anos-preso y https://www.bbc.com/mundo/video_fotos/2016/01/151230_fotos_cuba_presidio_modelo_ng.

En la actualidad, el espacio previamente expuesto se encuentra en total abandono. Superado el modelo panóptico, los sistemas carcelarios se introducen a lo que se denomina métodos o modelos de vigilancia correspondientes a un post-panóptico, donde bajo dichos esquemas espaciales es poco relevante la presencia del vigilante o inspector, debido a que se cuentan con tecnologías y dispositivos que facilitan el control, con lo que se pretende propiciar un equilibrio, orden y bienestar que se traduzcan en avances en materia de habitabilidad y bienestar.

En un programa arquitectónico-urbanístico como la prisión, el diseño de cada espacio dispuesto se somete a evaluación por motivos de una amenaza, que se percibe simultáneamente bajo tres sensaciones: inseguridad, incertidumbre y ausencia de protección (Bauman, 2008). Hacia el interior, cada celda reconstruye la seguridad individual aun sabiendo que se limitan las libertades (disfrutar del espacio público, realizar actividades laborales, académicas, recreativas). A su vez, dicho espacio se establece como refugio ante un entorno hostil e incierto, y en cada espacio de concentración masiva se habilitan estrategias como medida paliativa de certidumbre, control y seguridad. Concordante a lo anterior, Chafón (2004) explica que el programa arquitectónico-urbanístico de una cárcel debe garantizar seguridad y vigilancia; con áreas administrativas y para la autoridad (bufete jurídico), áreas de atención médica (enfermería), áreas de culto y religión (capillas), espacios abiertos (patio), áreas de trabajo (talleres), áreas comunes o de servicio (cocina, comedor, lavaderos), celdas, entre otros.

A principios del siglo XX se construye en México la colonia penal de las "Islas Marías", el cuál es un centro penitenciario, de máxima seguridad, localizado en un archipiélago, lo que duplica el efecto del aislamiento y encerramiento: el de la institución penitenciaria y el relativo a las cualidades locativas de la isla; el complejo está conformado por varios Centros Federales de Readaptación Social (Avilés, 2017).

NARRACIONES RELATIVAS A LA DESHUMANIZACIÓN DEL ESPACIO CARCELARIO

Previamente se ha expuesto cual es posiblemente, el mayor propósito de los asentamientos humanos, el de la habitabilidad. Algunos autores señalan que es un atributo del conjunto urbano como del edificatorio, el cual se relaciona a la morfología urbana y que debe propiciar seguridad y belleza, otras características que se infieren al concepto se relaciona con las características de la vivienda (dimensión, confort y comodidad) y del barrio donde se emplaza; también, el concepto se relaciona a la capacidad de sentir bienestar o "estar satisfecho" dentro de una unidad espacial determinada (Mumford, 1979; Han, 2013).

La habitabilidad/inhabitabilidad en las cárceles se ha expuesto desde la antigüedad, más los medios o formatos en los que se recuperan las evidencias son de amplio espectro. Sin embargo, es a través de dichas narraciones que se pueden establecer variables reiterativas, como: el hacinamiento, el maltrato (reducción de alimentos o medicamentos, falta de material para vestirse o asearse), el aislamiento, solo por mencionar algunas de las situaciones que menoscaban la condición humana y los cuales repercuten en la salud (Azaola, 2007; Quidel, 2007). Algunos autores señalan que algunas enfermedades o padecimientos son más comunes de contraer para las personas en situación de cárcel relacionadas a las condiciones de angustia y estrés, como: desórdenes mentales, enfermedades del sistema respiratorio, circulatorio o digestivo, enfermedades del sistema genitourinario, solo por mencionar algunas (Osses-Paredes y Riquelme-Pereira, 2013; Bergman, 2007).

Para propósitos del presente se considera la deshumanización como el efecto de perder el significado de ser humano, lo cual, se relaciona con la ausencia de identidad personal y social (Archer, 2009). Concordante a lo anterior, Aron (2004) explica que la deshumanización también se produce cuando al sujeto se le trata en condiciones inhumanas y degradantes, como en la esclavitud o la pobreza extrema, porque éstas son impropias. Sin embargo, también se considera oportuna la postura de Mumford (1995) quien expresa que a través de la historia se evidencia una cultura deshumanizada enfocada en el poder, uno que reduce incluso al planeta a una desnaturalización atroz. Cada una de las definiciones advierte la condición social del concepto, más la espacial no, y esta se suscita desde la habitabilidad/inhabitabilidad de un lugar, para el caso de estudio, la cárcel o prisión.

Uno de los documentos literarios donde se concentran diversos hechos históricos, es sin dudarlo, "La Biblia", en dicho documento se presentan en algunos pasajes evidencias de las condiciones de vida de esclavos o prisioneros en reclusión; la información recopilada establece antecedentes, de cómo los espacios de análisis, las prisiones o cárceles, es tan arcaico y, de cómo también se relaciona con movimientos religiosos, políticos o culturales, y que bajo las condiciones de diseño y edificación actual se perpetúan algunas de las condicionantes o características espaciales, incluso cuando estas se alejan de la perspectiva de los derechos humanos (Tabla 1).

Tabla 1. Referencias de características o condicionantes de diseño y habitabilidad/inhabitabilidad en espacios de reclusión incorporados en la Biblia.

Característica	Índice o Indicador	Tipo de Edificación	Referencia	Extracto o Pasaje
Aglomeración o aglutinamiento	Densidad (personas por hectárea)	Mazmorra	Isaías 24: 21-22.	Acontecerá en aquél día, que Jehová castigará al ejército de los cielos en lo alto, y a los reyes de la tierra sobre la tierra. Y serán amontonados como se amontona a los encarcelados en mazmorra y en prisión quedarán encerrados, y serán castigados después de muchos días.
Aislamiento y maltrato físicop		Cárcel	Hechos 16: 23-24.	Después de haberles azotado mucho, los echaron en la cárcel, mandando al carcelero que los guardase con seguridad. El cual, recibió este mandado, los metió en el calabozo de más adentro, y los aseguró los pies en el cepo.
Inmovilidad personal	Dispositivos de control personal	Cárcel	Salmos 105:18	Afligieron sus pies con grillos; En cárcel fue puesta su persona.
Maltrato físico		Cárcel	Jeremías 37:15	Y los príncipes se airaron contra Jeremías, y le azotaron y le pusieron en prisión en la casa del escriba Jonatán, porque la habían convertido en cárcel.
Limitación de alimentos		Cárcel	Reyes 22: 17	Así ha dicho el rey: Echad a este en la cárcel, y mantenedle con pan de angustia y con agua de aflicción, hasta que yo vuelva en paz.

Fuente: Datos propios (2022).

La información previa permite reconocer como las tribulaciones no solo se producen en el espacio y que el mismo concepto de habitabilidad permite identificar la contraposición de la existencia humana al sentido del bienestar; en los pasajes incorporados se infieren aspectos inhumanos como: el aislamiento, la mala alimentación, el maltrato físico, entre otros.

Como parte de un ejercicio literario biográfico y/o autobiográfico se recuperan evidencias de mayor actualidad para demostrar que las condiciones de malestar y agravio permanecen. Para el presente documento solo se exponen a manera de ejemplo los relatos de un preso político, Armando Valladares, quien exhibe a través de su relato diversos mecanismos de opresión, control y sanción hacia su persona y sus compañeros (Tabla 2).

Tabla 2. Referencias de características o condicionantes de diseño y habitabilidad/inhabitabilidad en espacios de reclusión integrados en la autobiografía de Armando Valladares "Contra toda esperanza. Las prisiones políticas de Fidel Castro".

Característica	Tipo de Edificación o Espacio	Extracto o Pasaje
Características Espaciales	Celdas de Castigo	Nos llevaron al primer salón, donde estaban las celdas de castigo. Aquella área había sido desalojada para nosotros. Eran once celdas, construidas dentro de un salón que no había sido fabricado para esos fines. El alto puntal de la antigua construcción permitió levantar celdas de unos dos metros y cuarto de altura. El techo era una malla de acero, de huecos grandes, como las usadas en las cercas del presidio. Desde estas mallas al techo del salón había espacio suficiente para que los guardias pudieran caminar por encima y mantener así una vigilancia total de los castigados. Las puertas estaban cubiertas por una plancha de hierro soldada a los barrotes. Solamente en la parte inferior de la reja, muy pegada al suelo y en uno de los costados, quedaba una estrecha franja que no cubría la plancha: era la aspillera por la que metían el plato con el rancho. En un rincón, en el centro de una ligera concavidad, un agujero hacía las veces de letrina. Y un pedazo de tubo doblado encima era la ducha. La llave que daba paso al agua estaba afuera y la controlaban los guardias de posta.
Aislamiento	Celdas de castigo	Aquí todos tendrán que asumir responsabilidades. Los cuatro (Armando, Ulises, Brito y Sergio) van a pudrirse en las celdas de castigo. Jamás saldrán de allí y se van a arrepentir de esto que me han hecho. Fui destinado a la número uno, Boitel a la tres, Ulises a la cinco y Brito a la siete, con una celda vacía entre cada uno de nosotros.
Limitación de aseo		Un rato más tarde llegó otro militar con una llave inglesa y cerró con fuerza los grifos situados en el pasillo y fuera de nuestro alcance. Durante más de tres meses permanecieron clausurados. En todo ese tiempo no se nos permitió bañarnos ni una sola vez.
Maltrato físico		Y todo fue como un vértigo repentino. La cabeza me dio vueltas y vueltas. Me golpearon en el suelo. Uno de ellos me haló por un brazo para ladearme y presentar mi espalda en posición más cómoda, y así golpear mejor con los cables.
Trato Inhumano	Celdas de castigo	Ni siquiera la ropa interior me dejaron conservar. Totalmente desnudo quedé allí, en la oscuridad de la celda. Hacía frío y lo sentía.

Fuente: Datos propios (2022).

Las evidencias recuperadas expuestas previamente (tabla 1 y 2) tienen el propósito de exhibir las condiciones de habitabilidad/inhabitabilidad que prevalecen en los espacios de reclusión, así como las características de su entorno físico, el del lugar, el cual hasta pudiese ser representado en un sentido abstracto (esquemas, planos o mapas) los cuales, sin importar cuanto tiempo existe entre las narraciones, las condiciones sobre habitar la cárcel, inciden en una serie de vejaciones que distan del propósito de habitar un lugar.

La práctica confronta los postulados teóricos y cada argumento, como el contenido de la Cartas de Atenas expuesta en el Congreso Internacional de Arquitectura Moderna en 1933, y que reduce a cuatro funciones la cotidianidad del espacio: habitar, trabajar, descansar y circular (García, 2016), queda claro que dichas actividades no se procuran en la cárcel y que más bien pareciera que dichas cualidades podrían reducirse a otros usos como el que concierne a la vivienda y aun así, son atributos que se reservan para ciertos segmentos de mercado o condiciones socioeconómicas.

Definitivamente, la prisión no es una vivienda, ni por definición ni por función, se comprende que se trata de un espacio de encierro y aseguramiento; pero, al reducir a sujeto-objeto la relación entre hombre y espacio, entonces se comprende que para el prisionero la celda es su habitación, ya sea por un tiempo determinado o indefinido, más el diseño del espacio nunca ha sido sometido a cuestionamiento desde la trinchera del preso, sino más bien, ésta se ha aceptado/asimilado desde la condición de su otredad, la del sistema político-judicial-social que lo mantiene preso. Entonces, es por excelencia el lugar donde se garantiza la seguridad para el resto de los habitantes, lo que indirectamente aumenta el orden, bienestar, calidad de vida y por ende, la habitabilidad. Al respecto, Bauman (2011) señala que en la actualidad ante el estado permanente de incertidumbre se anhela profundamente una fuerza con la capacidad y potencia de confrontar los riesgos, cualesquiera que fuesen, hasta inutilizaros o anularlos.

De tal manera, es a partir de la entidad hegemónica que se diseñan, habilitan y construyen los conjuntos carcelarios, y por ende, la configuración responde a arbitrariedades que pudiesen ser el resultado, de una sociedad o sistema político-administrativo que identifica incertidumbre, vulnerabilidad y riesgo, y por lo tanto establece una serie de medidas o mecanismos para garantizar que "el mal" no escape de su contención.

El tema sobre la vulnerabilidad se ha sido identificado en los entornos urbanos, desde lo general, como: riesgo sanitario, riesgo antropogénico, riesgos naturales, entre otros. Sin embargo, a nivel de edificaciones también se han presentado a lo largo de la historia sucesos que demuestran cómo, de igual manera, en las prisiones se exacerban cualquiera eventualidad ya sea para quienes habitan el conjunto carcelario o para aquellos "vecinos" que poseen cierta proximidad a dichos centros, algunos ejemplos son del tipo de riesgos inducidos, como los incendios resultado de motines o, los riesgos físicos, donde son otros factores que se acumulan para generar violencia, como el aglutinamiento sumado a la deficiente iluminación, ventilación o las altas temperaturas (Figura 4).

Figura 6. Cronología y geografía de motines y fugas suscitados los últimos 25 años en espacios de reclusión y proximidades.

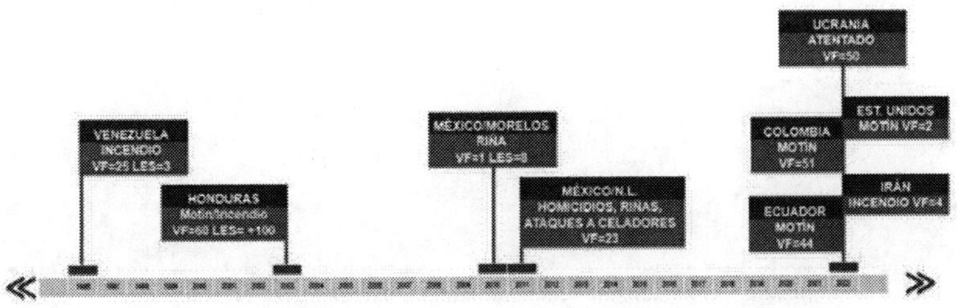

Fuente: Elaboración propia (2022) con información de http://www.elnorte.com.

De acuerdo a la información previa se identifica que la alteración del orden o control de las cárceles sucede dentro y desde afuera; sobre los que suceden desde las instalaciones carcelarias, que son prácticamente la mayoría de los casos encontrados, y, sobre los que se detonan como resultado de conflictos políticos como en el caso de Ucrania o Irán, donde el primero bajo en un ambiente de guerra entre dicho país y Rusia, un misil es proyectado a una cárcel donde se encontraban prisioneros de guerra (miembros del batallón Azov quienes defendían el puerto ucraniano del mismo nombre), o donde el segundo, en Theran los 4 reos muertos habitaban una cárcel donde se recluyen activistas contra el gobierno y presos políticos, los cuales mueren durante un incendio producido tras una riña, mientras el ambiente local y nacional tambalea tras los sucesos de repudio por la muerte de una joven bajo custodia originado ese mismo año.

El formato seleccionado para el conocimiento cronológico de las eventualidades en prisiones no permite reconocer a el nivel de conflicto, riesgo y vulnerabilidad de las cárceles de Ecuador, sin embargo, debido a la cantidad de motines suscitados en los últimos años se confirma su situación. En la revisión de los hechos quedan expuestas las debilidades y vulnerabilidades para el personal y los reos. La siguiente tabla recupera 10 eventos donde hubo víctimas y lesionados (Tabla 3).

Tabla 3. Cronología del riesgo y vulnerabilidad de la cárcel en Ecuador.

Fecha	Tipo de Riesgo	Motivos	Víctimas Fatales	Heridos
29-09-2021	Motín	En lo que se denominó la peor masacre carcelaria en Ecuador mueren 118 personas como resultado de una riña entre bandas delincuenciales que habitan los pabellones 9 y 10 del Centro Penitenciario de Guayas.	118	52
24-10-2021	SD	Se encuentran 7 muertos en la penitenciaría de Guayas.	7	0
13-11-2021	Balacera	En la Penitenciaría del Litoral se registra durante varias horas una balacera, cuyo propósito era el de masacrar a los internos del Pabellón 2.	68	25
03-04-2022	Motín	Enfrentamiento en la cárcel de El Turi donde 800 militares y policías trataban de controlar el caos	12	10
10-05-2022	Motín y Fuga	Enfrentamiento entre bandas rivales de Los Lobos y los R7 (narcotráfico) en la prisión Bellavista en Santo Domingo de la cual se fugaron 220 reos.	44	10
18-07-2022	Riña	Riña en prisión del noroeste de Ecuador.	13	2
03-10-2022	Motín	Enfrentamiento entre bandas rivales relacionadas con el narcotráfico en la cárcel Latacunga.	15	20
03-11-2022	Motín	Traslado de presos desde Guayas 1 y confrontación ante el despliegue militar y policial contra las bandas de narcotráfico.	2	9 policías 3 militares
18-11-2022	Motín	Traslado de líderes de pandillas (Los Lobos y R7) desde la Penitenciaría del Litoral de Guayaquil)a una prisión de máxima seguridad.	10 reos	SD
01-12-2022	Ejecución	Director de Penal, el cual estaba a cargo cuando sucede un motín donde mueren 44 reos.	1	0

Fuente: Elaboración propia (2022) con información de http://www.elnorte.com.

A la información previa debe de añadirse que a nivel nacional son 65 prisiones las que tiene Ecuador, se menciona continuamente que el sistema carcelario está rebasado, la capacidad es para 30 mil y la cantidad se supera por 5 o 7 mil personas (17%), por lo tanto, las condiciones de habitabilidad se encuentran comprometidas, ya que se presenta aglomeración o hacinamiento. Tan solo en el año 2021 fueron asesinadas 370 personas, 54 víctimas fatales más que el año previo, donde los enfrentamientos o disputas se producen bajo un ambiente de hostilidad relacionado al narcotráfico nacional e internacional en el cual la capacidad de vigilancia, seguridad y control, de policías y militares, ha sido superada incontables veces.

En palabras de Pontón (2022) Ecuador se enfrenta a una crisis multicausal, y las cárceles son un ecosistema criminal, complejo, adaptativo y peligroso donde se reinventan los formatos para ejercer violencia de manera brutal y sádica (desmembramiento, degollamiento, entre otros) donde la tasa de muertes por cada diez mil reclusos en los últimos 10 años (2011 a 2021) se incrementa de 5.39 a 83.55 con lo cual se percibe el ambiente de inseguridad dentro de los conjuntos penitenciarios; los factores que favorecen la inestabilidad en materia de seguridad y resguardo los divide en: sociales (salud, alimentación), espaciales (hacinamiento, sobrepoblación) y, administrativas (corrupción o falta de presupuesto).

Para ejemplificar como desde la configuración espacial se complica el control y vigilancia se realiza una búsqueda sobre las cárceles, centros penitenciarios o centros de privación de la Libertad de Ecuador para poder identificar desde la composición arquitectónica y urbanística los elementos que dificultan el propósito del sitio (Figura 7).

Figura 7. Abstracción de la planta de conjunto del Centro de Privación de la Libertad Regional de Guayas en Guayaquil, Ecuador.

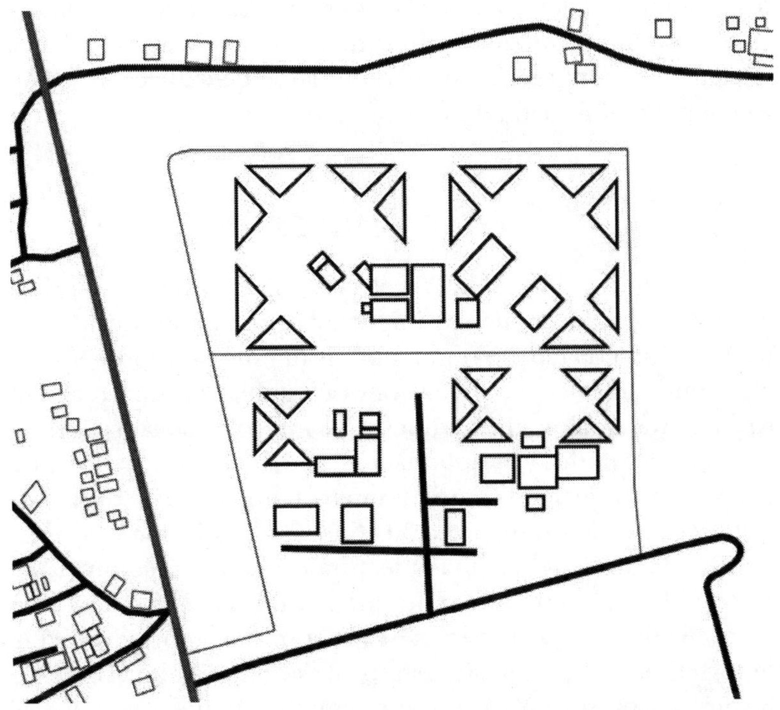

Fuente: Elaboración propia (2022) con información de google earth,

La imagen previa según los postulados facilitados desde 1773 por J. Howard: primero, desde la morfología de la composición arquitectónica y urbana no incluye celdas cuadradas o rectangulares y si esto se lograr la geometría del contenedor de las mismas, triángulos, dificulta la regularidad, cada conjunto de pabellones contiene áreas abiertas, más la disposición de los elementos no establece regularidad y al incorporar objetos al centro de cada bloque se aumentan los puntos de obstrucción visual, por lo mismo, no se facilita ni la seguridad ni la vigilancia; segundo, en cuanto a lo relativo a la localización del centro se identifica que en las proximidades se ubican vialidades principales así como asentamientos que según la disposición de elementos y dimensión de las construcciones pareciesen de un segmento socioeconómico bajo, incluso de asentamientos irregulares, lo cual no es congruente con el postulado de establecerse lejano a cualquier edificación o asentamiento.

CONCLUSIONES

La breve revisión de la cárcel desde la perspectiva espacial permite identificar que sin importar el momento en que estas han sido creadas, se repite iterativamente la disposición de elementos, formas y objetos como el reflejo de una realidad social, cuya morfología manifiesta los intereses de las representaciones del poder y la dominación, que incide en tratar al recluso en el infierno, o como un sujeto al que debe de procurársele desde la deshumanización. Cada apartado incorporado, en este documento, facilita la lectura desde esa dicotomía, y a través de esta se condensan lo que manifiesta Ricoeur (1997) como "la historia es la historia de los hombres", portador, agente y víctima del poder, sea este proceso bajo un ambiente de justicia u opresión. Y es bajo ese argumento que aun y que se modifique el aspecto del lugar queda pendiente reformular las características tangibles que permitan transformar la prisión de un lugar de represión a uno de readaptación/reinserción (en función del tipo de condena), sobre todo cuando se continúa reconfigurando el espectro del delito y el perfil del delincuente, ¿es bajo ese conocimiento de permanente adaptación con el cual también deberá de diseñarse el espacio carcelario?

La historia se ha encargado de coleccionar evidencias de sucesos con los que la certidumbre, estabilidad y habitabilidad de las cárceles o prisiones permiten considerar y cuestionar las (in)justicias ejecutadas. Indistintamente el país o el tiempo, los sitios y modelos de prisión advierten, la garantía del orden y control, desde la otredad, la del recluso, se vislumbra deshumanización y atropello, un círculo vicioso del cual poco se puede relacionar con el derecho, la justicia y la condición humana. Es este un buen momento para replantear el propósito de la reclusión, reinserción y sanción. Esta última, posiblemente permita reconocer que jurídica y espacialmente se tratan de dos asignaturas distintas, que la reclusión no infiere el trato inhumano desde la configuración del espacio y que estas acciones/actitudes hacia los reclusos demuestran la fragilidad, incertidumbre y vulnerabilidad de quienes persiguen la seguridad, vigilancia y control, por lo que la reconfiguración endógena y exógena de los establecimientos penitenciarios para su mantenimiento y operatividad debe incorporar medidas ignoradas o subestimadas apegadas a los derechos humanos, donde el sujeto es la escala de referencia para las medidas de diseño y construcción, y entonces considerar a la cárcel un lugar habitable, donde la reclusión desde una perspectiva social, humanista o humanitaria se permite emprender la transición del recluso como un sujeto al que debe permitírsele la recuperación de su dignidad en función del bien.

SECCIÓN II

CONTEXTO ANALÍTICO

INTRODUCCIÓN

Para determinar estadísticamente la situación de los derechos humanos de las Personas Privadas de Libertad (PPL) en los Centros Penitenciarios (C.P.) federales y estatales, se analizaron los datos de 15 variables diferentes provenientes de INEGI Censo Nacional de Sistemas Penitenciario Federal y Estatales (cnspef_2018-2021), empleando el software estadístico Minitab® (2021).

Las variables estudiadas fueron: espacios dedicados a C.P. federales y estatales, 2017-2021; presupuestos asignados a C.P. federales y estatales, 2017-2021; infraestructura física asignada a C.P. federales y estatales, 2020-2021; personas adscritas a C.P. federales y estatales, 2017-2021; los ingresos a C.P. federales y estatales, 2017-2021; los egresos de C.P. federales y estatales, 2017-2021; comparación entre ingresos y egresos a C.P. federales, 2017-2021; comparación entre ingresos y egresos a C.P. estatales, 2017-2021; Personas Privadas de Libertad en C.P. según sexo, 2017-2021; % de hombres y mujeres en C.P., 2020-2021; % de Personas Privadas de Libertad en C.P. según escolaridad y sexo, 2021; % de Personas Privadas de Libertad en C.P. según discapacidad, 2020 y 2021; % de menores de 6 años con madres de PPL en C.P. según edad y sexo, 2020-2021; Quejas presentadas en C.P. (Federales y Estatales), 2017-2021; y finalmente, % de PPL en C.P. que no ha recibido sentencia según sexo, 2017-2021. Se utilizaron varios modelos estadístico para discernir y calificar los impactos de las variables sobre los derechos humano de las PPLs en los C.Ps federales y estatales. Diferentes autores han analizado los efectos de diferentes variables en investigaciones tanto de índole general como también de corte criminológico (Badii y Castillo, 2007; Badii y Guillén Gaytán, 2022; Badii et al, 2009, 2019, 22023a, b, c, d; Guillén Gaytán y Badii, 2023).

1.- ESPACIOS FEDERALES Y ESTATALES, 2017-2021.

Los datos de las cantidades de los espacios ferales y estatales (2017-2021) se indican en la Tabla 1.

Tabla 1. Cantidad de espacios federales y estatales, 2017-2021.

Año	Federal	Estatal	Total	%Federal	%Estatal
2017	37978	182069	220047	17.3	82.7
2018	38494	188850	227344	16.9	83.1
2019	33024	193697	226721	14.6	85.4
2020	29280	191924	221204	13.2	86.8
2021	29280	191551	220831	13.3	86.7

(Elaboración propia desde INEGI cnspef_2018-2021).

En el histograma 1 se puede observar la diferencial enorme entre las cantidades de los espacios para cada caso de federal y estatal, durante los 5 años. Es obvio que la mayoría abrumadora de los espacios totales son por las cantidades de los espacios estatales de forma homogénea a lo largo de cinco años.

Histograma 1. Cantidad de los espacios para cada caso (federal, estatal y total combinado) durante los 5 años.

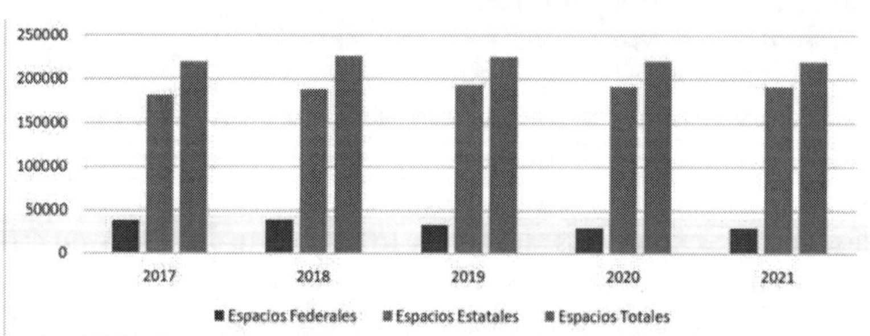

(Elaboración propia).

El análisis descriptivo de los datos (Tabla 1.1, valores de tamaño de la muestra, la media, la mediana, la desviación estándar, el error estándar, el mínimo, el máximo, el cuartil 1 y el cuartil 3) para los espacios federales y estatales demuestra que hay más espacios dedicados al caso estatal (Media = 189,618) con ligeramente mayor variación (Desviación estándar = 4,563) comparado con el caso federal con media y desviación estándar de 33,024 y 4,494, respectivamente.

Tabla 1.1. Estadística descriptiva para espacios federales y estatales, 2017-2021. (Salida de Minitab®).

Descriptive Statistics: Espacio Federal 2017-2021						
Variable	N	Mean	Median	TrMean	StDev	SE Mesn
Esp Fed	5	33611	33024	33611	4494	2010
Variable	Minimum	Maximum	Q1	Q3		
Esp Fed	29280	38494	29280	38236		
Descriptive Statistics: Espacio Estatal 2017-2021						
Variable	N	Mean	Median	TrMean	StDev	SE Mesn
Esp Fed	5	189618	191551	189618	4563	2040
Variable	Minimum	Maximum	Q1	Q3		
Esp Fed	182069	193697	185460	192811		

La distribución de los datos de los espacios federales y estatales son normales (Figuras 1.1 y 1.2) (Prueba de Normalidad de Komogorov-Smirnov, con un valor calculado de D = 0.234 para el caso federal y D = 0.264 para el caso estatal, y con un valor de probabilidad mayor que 0.15 para ambos casos).

Figura 1.1.- Gráfica de probabilidad normal para espacios federales. (Salida de Minitab®).

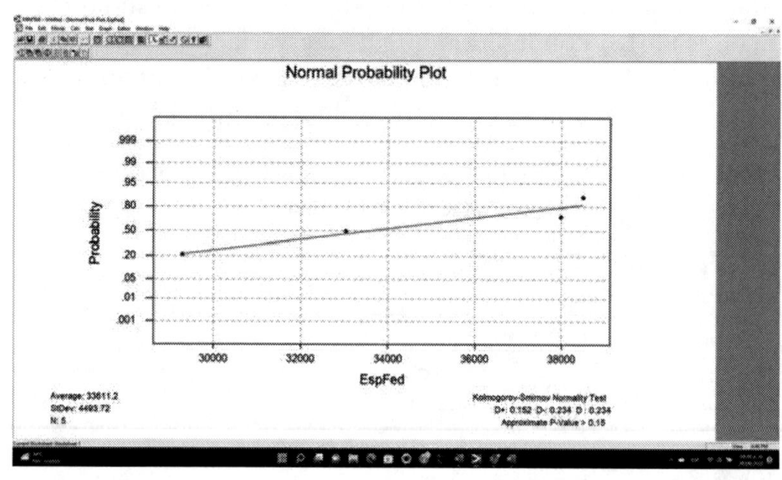

Figura 1.2.- Gráfica de probabilidad normal para espacios estatales. (Salida de Minitab®).

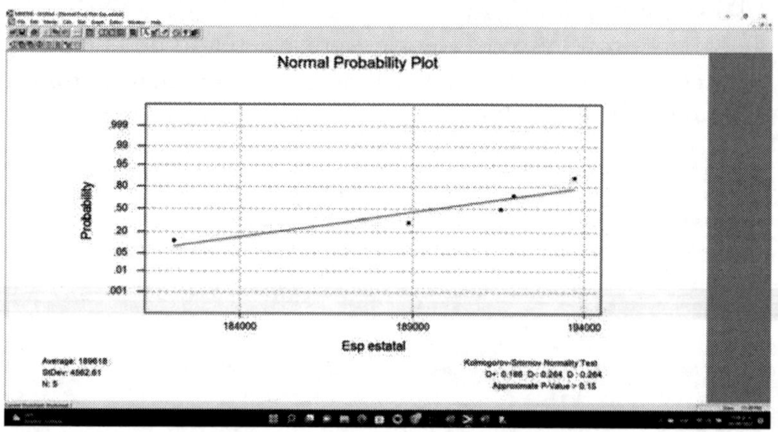

Para analizar la existencia de una diferencia estadísticamente significativa (alfa = 0.05) entre los promedios (Badii y Castillo, 2007; Badii et al, 2009; Badii et al, 2010; Badii et al, 2019) de las cantidades de los espacios federales versus espacios estatales, se empleó el modelo de t Student para dos muestras. Resultado de este modelo (Tabla 1.2) indica una diferencia estadísticamente significativa con un valor de t = -54.47 y con una probabilidad de p = 0.000. Las hipótesis para la comparación de las medias:

Ho: Las dos medias son estadísticamente iguales

Ha: Las dos medias son estadísticamente diferentes

Tabla 1.2.- Comparación de medias para espacios federales y estatales, 2017-2021. (Salida de Minitab®).

Two- sample t-Test for Espacio Federal vs Espacio Estatal 2017-2021				
	N	Mean	StDev	SE Mean
Esp Fed	5	33611	4494	2010
Esp Est	5	189618	4563	2040
Difference = mu Espacio Federal 2017-2021 - mu Espacio Estatal 2017-2021				
Estimate for difference: -156007				
95% CI for difference: (-162784, -149230)				
T-Test of difference = 0 (vs not =): T-Value = -54.47, P-Value = 0.000, DF = 7				

Para demostrar la probable asociación entre la cantidad de los espacios federales y estatales se utilizó el moldeo de correlación de Pearson (Tabla 1.3) cuyo resultado indica un valor de coeficiente de correlación igual a -0.701 (una asociación inversa de 70.1%) lo cual no fue estadísticamente significativa con un valor de probabilidad igual a 0.1870.

Las hipótesis para la correlación:

Ho: El coeficiente de correlación es estadísticamente igual a cero

Ha: El coeficiente de correlación es estadísticamente diferente de cero

Tabla 1.3. Correlación entre espacios federales y estatales, 2017-2021. (Salida de Minitab®).

Pearson correlation of Espacio Fed 17-21 and Espacio Est 17-21 = -0.701
P-Value = 0.187

Con el propósito de demostrar el grado de dependencia de la cantidad de espacios en función del año tanto para el caso de estado, el caso federal y también, para el total de ambos, se utilizó la prueba de regresión. En los tres casos las gráficas de residual versus valor predicho demuestran la ausencia de algún defecto en el modelo (Figuras 1.3 y 1.4, 1.5). Las hipótesis para la regresión:

Ho: El coeficiente de regresión es estadísticamente igual a cero

Ha: El coeficiente de regresión es estadísticamente diferente de cero

Figura 1.3. Gráfica de residuales versus valores ajustados para espacios estatales. (Salida de Minitab®).

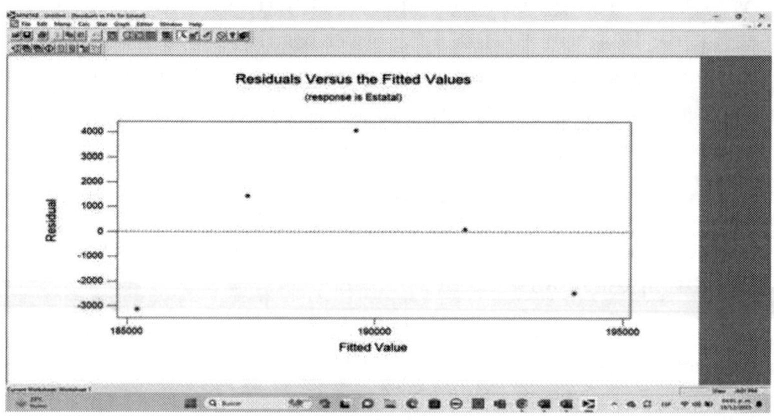

Figura 1.4. Gráfica de residuales versus valores ajustados para espacios federales. (Salida de Minitab®).

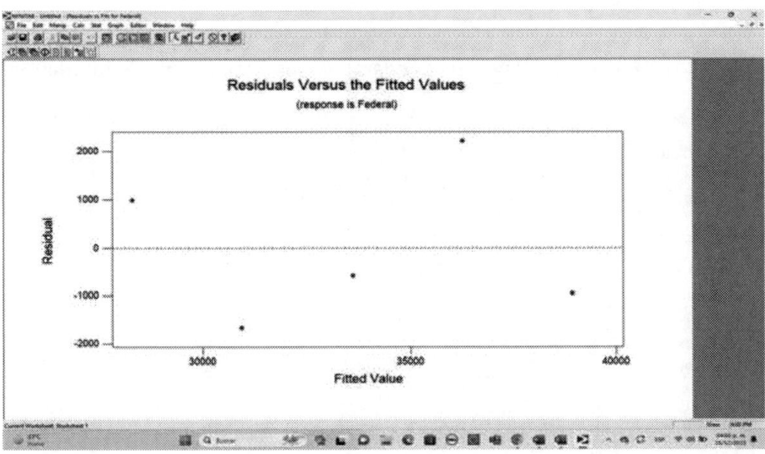

Figura 1.5. Gráfica de residuales versus valores ajustados para ambos espacios. (Salida de Minitab®).

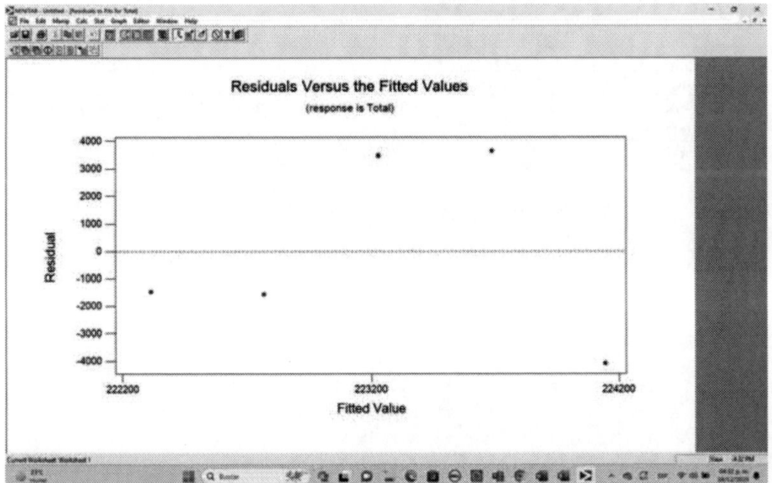

Los resultados de la regresión lineal entre el año y espacios federales, estatales y total combinado, se encuentran en las Tablas 1.4., 1.5. y 1.6.

Tabla 1.4.- Análisis de Regresión: Federal versus Año. (Salida de Minitab®).

The regression equation is: Federal = 5406170 – 2661 Año					
Predictor	Coef	SE Coef	T	P	
Constant	5406170	1163621	4.65	0.019	
Año	-2661.0	576.3	-4.62	0.019	
S = 1823 R-Sq = 87.7% R-Sq(adj) = 83.6%					
Analysis of Variance					
Source	DF	SS	MS	F	P
Regression	1	70809210	70809210	21.32	0.019
Residual Error	3	9964859	3321620		
Total	4	80774069			

Tabla 1.5.- Análisis de Regresión: Estatal versus Año. (Salida de Minitab®).

The regression equation is: Estatal = - 4259854 + 2204 Año					
Predictor	Coef	SE Coef	T	P	
Constant	-4259854	2171474	-1.96	0.145	
Año	2204	1076	2.05	0.133	
S = 3401 R-Sq = 58.3% R-Sq(adj) = 44.4%					
Analysis of Variance					
Source	DF	SS	MS	F	P
Regression	1	48567344	48567344	4.20	0.133
Residual Error	3	34702246	11567415		
Total	4	83269591			

Tabla 1.6.- Análisis de Regresión: Total versus Año. (Salida de Minitab®).

The regression equation is: Total = 1146316 - 457 Año					
Predictor	Coef	SE Coef	T	P	
Constant	1146316	2527466	0.45	0.681	
Año	-457	1252	-0.37	0.739	
S = 3959 R-Sq = 4.3% R-Sq(adj) = 0.0%					
Analysis of Variance					
Source	DF	SS	MS	F	P
Regression	1	2090318	2090318	0.13	0.739
Residual Error	3	34702246	11567415		
Total	4	49103441			

Como se puede observar, en el caso de los espacios federales, el coeficiente de la regresión (-2,661) es estadísticamente significativo a nivel de alfa = 0.05 con una probabilidad igual a 0.019. En otras palabras, para cada año hay una disminución significativa de 2,661 en espacios federales. Ahora bien, en el caso de los espacios estatales, el coeficiente de la regresión (2,204) no es estadísticamente significativo a nivel de alfa = 0.05 con una probabilidad igual a 0.133, es decir, para cada año hay un incremento aparente y no significativa de 2,204 en espacios estatales. En lo referente al caso total, el coeficiente de la regresión (-457) no es estadísticamente significativo a nivel de alfa = 0.05 con una probabilidad igual a 0.739, es decir, para cada año hay una disminución aparente y no significativa de 457 en espacios federales y estatales combinados. Cabe señalar que los valores de coeficientes de determinación (R cuadrada) son iguales a 87.7% (espacios federales), 58.3% (espacios estatales) y solamente 4.3% (espacios totales). En otras palabras, 87.7% de la variabilidad en la variable respuesta de espacios federales esta explicada de forma significativa por la regresión, mientras que estos valores predictivos no significativos son igual a 58.3% para los espacios estatales y solo 4.3% (muy débil predicción) para el caso de los espacios combinados.

Para estimar el efecto de los espacios individuales sobre los espacios total y por ende cuantificar el impacto de cada uno de los espacios individuales para predecir el comportamiento de los espacios totales, se condujo una regresión lineal simple para cada caso (Tablas 1.8 y 1.9). Las Figuras 1.6 y 1.7 indican la situación de relación de los residuales en relación con los valores predichos para el caso de estatal y el caso federal con relación al caso total combinado, respectivamente.

Figura 1.6. Gráfica de residuales versus valores ajustados para regresión de caso de espacio estatal versus espacio total. (Salida de Minitab®).

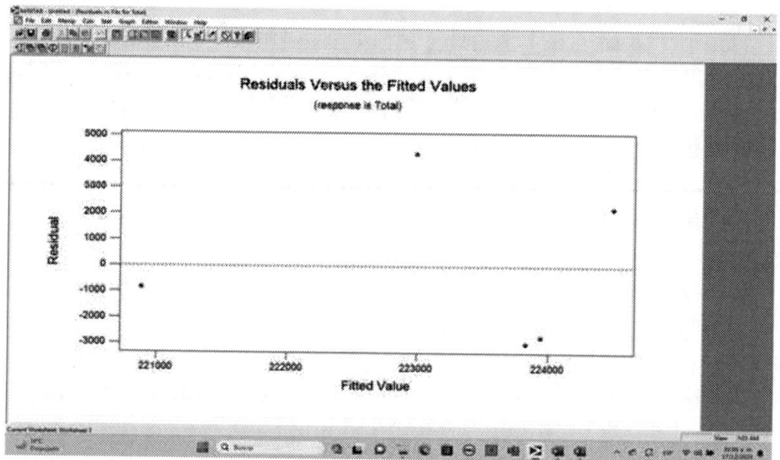

Figura 1.7. Gráfica de residuales versus valores ajustados para la regresión de caso de espacio federal versus espacio total. (Salida de Minitab®).

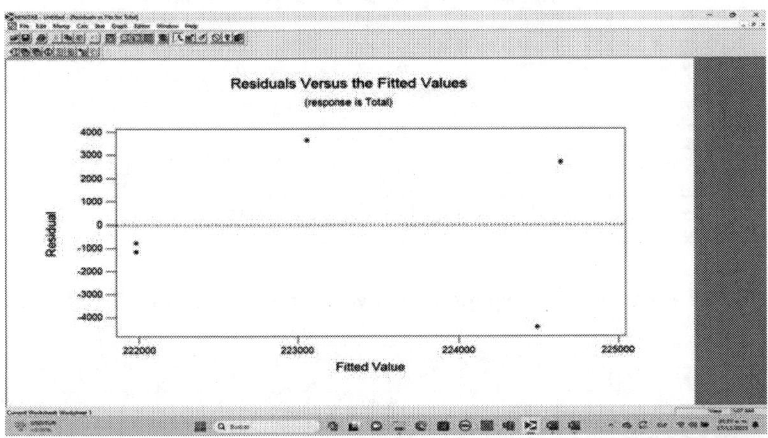

Como se puede notar (Tablas 1.7 y 1.8), en el caso de los espacios federales (Tabla 1.7), el coeficiente de la regresión (0.289) no es estadísticamente significativo a nivel de alfa = 0.05 con una probabilidad igual a 0.540, es decir, para cada incremento unitario en el espacio federal, hay un incremento aparente y no significativa igual a 28.9% en espacios totales combinados, además, el poder predictivo (R cuadrada) es muy pobre con un valore igual a 13.7%. En lo referente al caso estatal versus total (Tabla 1.9), el coeficiente de la regresión (0.310) no es estadísticamente significativo a nivel de alfa = 0.05 con una probabilidad igual a 0.501, es decir, para cada incremento unitario en el espacio estatal, hay un incremento aparente y no significativa igual a 31% en espacios totales combinados. Se debe destacar el valor predictivo (R cuadrada) muy bajo (16.3%) de la regresión del caso estatal versus total.

Tabla 1.7.- Análisis de Regresión: Total versus Federal. (Salida de Minitab®).

The regression equation is: Total = 213532 + 0.289 Federal					
Predictor	Coef	SE Coef	T	P	
Constant	213532	14156	15.08	0.001	
Federal	0.2885	0.4182	0.69	0.540	
S = 3759 R-Sq = 13.7% R-Sq(adj) = 0.0%					
Analysis of Variance					
Source	DF	SS	MS	F	P
Regression	1	6723377	6723377	0.48	0.540
Residual Error	3	42380064	14126688		
Total	4	49103441			

Tabla 1.8.- Análisis de Regresión: Total versus Estatal. (Elaboración propia).

The regression equation is: Total = 164480 + 0.310 Estatal					
Predictor	Coef	SE Coef	T	P	
Constant	164480	76940	2.14	0.122	
Estatal	0.3098	0.4057	0.76	0.501	
S = 3702 R-Sq = 16.3% R-Sq(adj) = 0.0%					
Analysis of Variance					
Source	DF	SS	MS	F	P
Regression	1	7993473	7993473	0.58	0.501
Residual Error	3	41109968	13703323		
Total	4	49103441			

Conclusiones.–De los resultados obtenidos para los 5 años (2017-2021) se concluye que existe en término promedio, más espacios dedicados a las penitenciarías estatales que federales. Esto refleja la mayor población de las Personas Privadas de libertad (PPL) para casos estatales que federales. Esta conclusión también está apoyada por el hecho de la ausencia de una asociación significativa (presencia de 70.1% de correlación negativa no significativa) entre los espacios federales y estatales. Además, anualmente, existe una disminución estadísticamente significativa en los espacios federales, mientras que, en los casos estatales y total combinado, hay un aumento aparente y no significativo en los espacios. La cantidad de los espacios tanto federal como estatal, con poder predictivo para cada caso, por debajo de 17%, no son predictores estadísticamente significativos de las cantidades de los espacios totales combinados.

2.- PREPUESTOS FEDERALES Y ESTATALES, 2017-2021.

Las cantidades de presupuestos ferales y estatales (2017-2021) se notan en la Tabla 2.

Tabla 2. Cantidad de los presupuestos federales y estatales, 2017-2021. (Elaboración propia desde INEGI cnspef_2018-2021).

Año	Federal	Estatal	total	% Federal	% Estatal
2017	3061.2	16975.2	20036.4	15.3	84.7
2018	14951.3	14476.1	29427.4	50.8	49.2
2019	21470.3	17042.2	38512.5	55.7	44.3
2020	24146.8	13836.1	37982.9	63.6	36.4
2021	17909.6	13601.6	31511.2	56.8	43.2

En el histograma 2 se puede observar las diferencias heterogéneas entre las cantidades de los presupuestos para cada caso de federal y estatal, durante los 5 años. Durante los años 2019 a 2021 los presupuestos federales fueron mayores en compasión con estatal, caso contrario para el año 2017. Durante el año 2018, existió, aproximadamente, una igualdad de las cantidades de presupuesto para cada caso de federal versus estatal.

Histograma 2.- Cantidades de presupuestos federales, estatales y totales combinadas durante los años 2017-2021. (Elaboración propia).

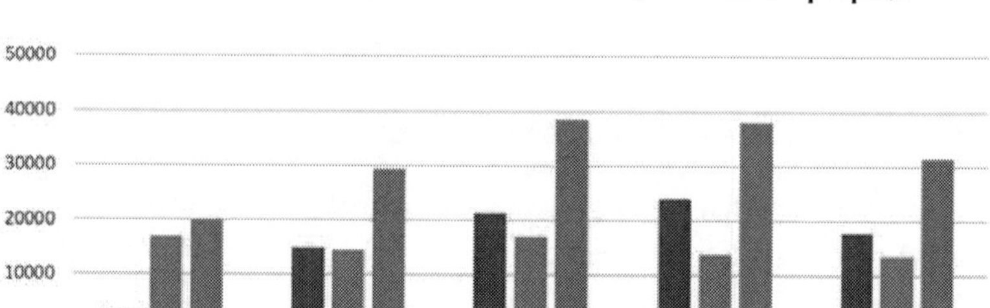

El análisis descriptivo de los datos (Tabla 2.1, valores de tamaño de la muestra, la media, la mediana, la desviación estándar, el error estándar, el mínimo, el máximo, el cuartil 1 y el cuartil 3) para los presupuestos federales y estatales demuestra que hay más presupuesto dedicado al caso federal (Media = 16.308) con mayor variación (Desviación estándar = 8,185) comparado con el caso estatal con media y desviación estándar de 15,186 y 1,694, respectivamente.

Tabla 2.1. Estadística descriptiva para presupuestos federales y estatales, 2017-2021. (Salida de Minitab®).

Descriptive Statistics: Presupuesto Federal 2017-2021						
Variable	N	Mean	Median	TrMean	StDev	SE Mesn
Presupuesto	5	16308	17910	16308	8185	3660
Variable	Minimum	Maximum	Q1	Q3		
Presupuesto	3061	24147	9006	22809		
Descriptive Statistics: Presupuesto Estatal 2017-2021						
Variable	N	Mean	Median	TrMean	StDev	SE Mesn
Presupuesto	5	15186	14476	15186	1694	758
Variable	Minimum	Maximum	Q1	Q3		
Presupuesto	13602	17042	13719	17009		

Cabe destacar que la distribución de los datos de los presupuestos federales y estatales son normales (Figuras 2.1 y 2.2) (Prueba de Normalidad de Komogorov-Smirnov, con un valor de D = 0.234 (caso federal) y D = 0.262 (caso estatal) y con un valor de probabilidad mayor que 0.15 para ambos casos).

Figura 2.1.- Gráfica de probabilidad normal para presupuestos federales. (Salida de Minitab®).

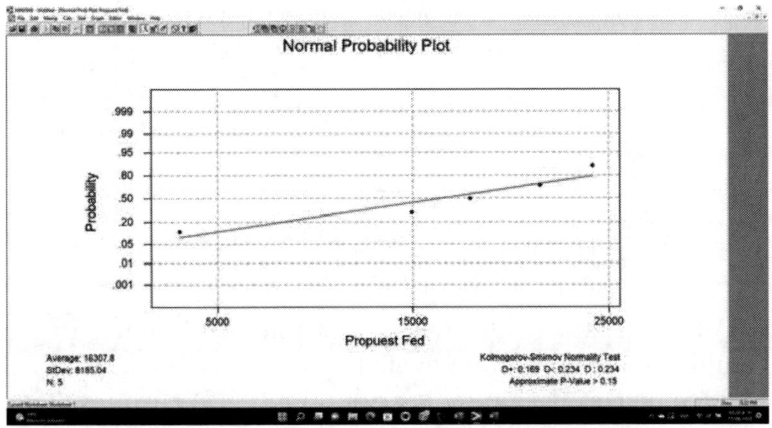

Figura 2.2.- Gráfica de probabilidad normal para presupuestos estatales. (Salida de Minitab®).

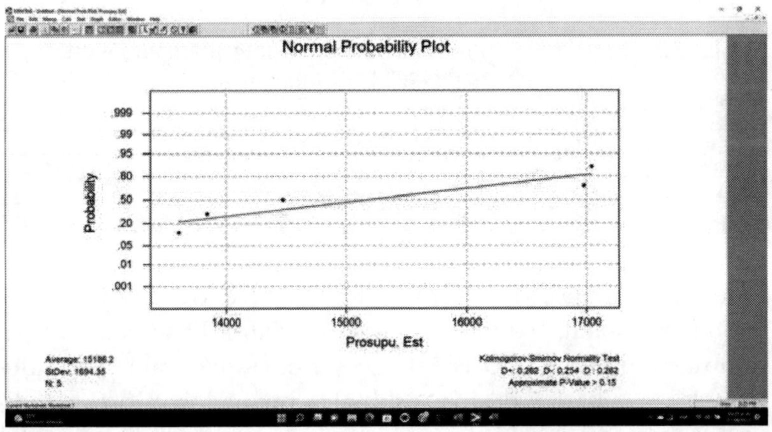

Para analizar la existencia de una diferencia estadísticamente significativa (alfa = 0.05) entre los promedios de las cantidades de los presupuestos federales versus espacios estatales, se empleó el modelo de t Student para dos muestras. Resultado de este modelo (Tabla 2.2) indica ausencia de una diferencia estadísticamente significativa con un valor de t = 0.30 y con una probabilidad de p = 0.779.

Tabla 2.2.- Comparación de las medias de presupuestos federales y estatales, 2017-2021. (Salida de Minitab®).

Two- sample t for Presupuesto Federal vs Presupuesto Estatal 2017-2021				
	N	Mean	StDev	SE Mean
Presupuesto Fed	5	16308	8185	3660
Presupuesto Est	5	15186	1694	758
Difference = mu Presupuesto Federal 2017-2021 - mu Presupuesto Estatal 2017-2021				
Estimate for difference: 1122				
95% CI for difference: (-9257, 11500)				
T-Test of difference = 0 (vs not =): T-Value = 0.30, P-Value = 0.779, DF = 7				

Además, para demostrar la probable asociación entre la cantidad de los presupuestos federales y estatales se utilizó el moldeo de correlación de Pearson (Tabla 2.3) cuyo resultado indica un valor de coeficiente de correlación igual a -0.474 (una asociación inversa de 47.4%) lo cual no fue estadísticamente significativa con un valor de probabilidad igual a 0.420.

Tabla 2.3.- Correlación entre Presupuesto federal y presupuesto estatal, 2017-2021. (Salida de Minitab®).

Pearson correlation of Presupuesto Fed 17-21 and Presupuesto Est 17-21 = -0.474
P-Value = 0.420

Para investigar la dinámica presupuesta federal y estatal para los centros penitenciarios durante los años 2017-2021, se condujo el análisis de regresión lineal entre los años y los presupuestas estatal, federal y total combinado. Los resultados se demuestran en las Tablas 2.4, 2.5 y 2.6, respectivamente. Además, los resultados de los residuales versus los valores predichos (Figuras 2.3, 2.4 y 2.5) para los casos estatal, federal y total combinado demuestran la ausencia de cualquier defecto en el uso de los modelos de regresiones aquí empleados.

Figura 2.3. Gráfica de residuales versus valores ajustados para presupuestos estatales. (Salida de Minitab®).

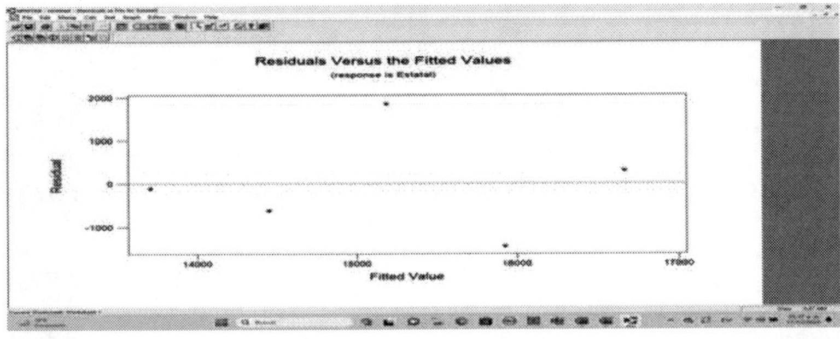

Figura 2.4. Gráfica de residuales versus valores ajustados para presupuestos federales. (Salida de Minitab®).

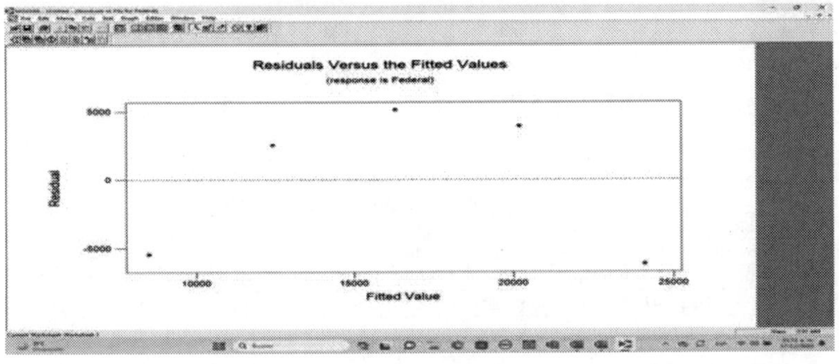

Figura 2.5. Gráfica de residuales versus valores ajustados para presupuestos totales. (Salida de Minitab®).

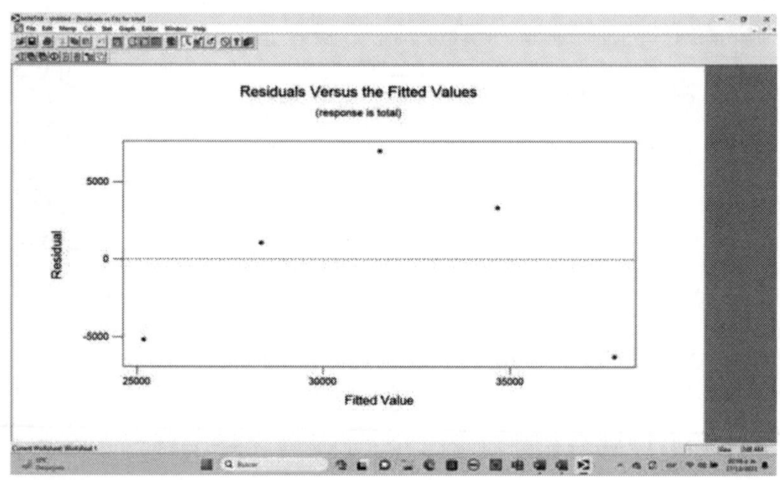

Tabla 2.4.- Análisis de Regresión: Presupuesto Estatal versus Año. (Salida de Minitab®).

The regression equation is: Estatal = 1506662 - 739 Año					
Predictor	Coef	SE Coef	T	P	
Constant	1506662	904890	1.67	0.194	
Año	-738.7	448.2	-1.65	0.198	
S = 1417 R-Sq = 47.5% R-Sq(adj) = 30.0%					
Analysis of Variance					
Source	DF	SS	MS	F	P
Regression	1	5457072	5457072	2.72	0.198
Residual Error	3	6026154	2008718		
Total	4	11483226			

Tabla 2.5.- Análisis de Regresión: Presupuesto Federal versus Año. (Salida de Minitab®).

The regression equation is: Federal = - 7836048 + 3889 Año					
Predictor	Coef	SE Coef	T	P	
Constant	-7836048	3982407	-1.97	0.144	
Año	3889	1972	1.97	0.143	
S = 6237 R-Sq = 56.4% R-Sq(adj) = 41.9%					
Analysis of Variance					
Source	DF	SS	MS	F	P
Regression	1	151261100	151261100	3.89	0.143
Residual Error	3	34702246	11567415		
Total	4	267979594			

Tabla 2.6.- Análisis de Regresión: Presupuesto total versus Año. (Salida de Minitab®).

The regression equation is: Total = - 6329386 + 3151 Año					
Predictor	Coef	SE Coef	T	P	
Constant	-6329386	4164818	-1.52	0.226	
Año	3151	2063	1.53	0.224	
S = 6523 R-Sq = 43.7% R-Sq(adj) = 25.0%					
Analysis of Variance					
Source	DF	SS	MS	F	P
Regression	1	99257133	99257133	2.33	0.224
Residual Error	3	127655762	42551921		
Total	4	226912895			

Como se puede observar (Tabla 2.4), en el caso del presupuesto estatal, el coeficiente de la regresión (-739) no es estadísticamente significativo a nivel de alfa = 0.05 con una probabilidad igual a 0.198. En otras palabras, para cada año hay una disminución aparente y no significativa de 739 unidades en presupuesto estatal. Ahora bien, en el caso del presupuesto federal (Tabla 2.5), el coeficiente de la regresión (3,889) no es estadísticamente significativo a nivel de alfa = 0.05 con una probabilidad igual a 0.143, es decir, para cada año hay un incremento aparente y no significativa de 3,889 unidades en presupuesto federal. En lo referente al caso total (Tabla 2.6), el coeficiente de la regresión (3,151) no es estadísticamente significativo a nivel de alfa = 0.05 con una probabilidad igual a 0.224, es decir, para cada año hay una incremento aparente y no significativa de 3,151 unidades en presupuesto total, es decir, estatal y estatal combinados. Cabe señalar que los valores de coeficientes de determinación (R cuadrada) son iguales a 47.5% (presupuesto estatal), 56.4 % (presupuesto federal) y 43.7% (presupuesto total). En otras palabras, 47.5% de la variación en la variable respuesta de presupuesto estatal, el 56.4% en caso federal y 43.7% en el caso total combinado están explicadas de forma no significativa por cada regresión.

Por tanto, y a pesar de la ausencia de la significancia estadística de los coeficientes de regresión (los valores de probabilidad son igual o arriba de 5% en cada caso), se observa un aumento anual de presupuesto igual a 3,889 unidades para el caso federal y 3,151 unidades para el caso total combinado, sin embargo, se nota una disminución anual igual a 739 unidades para el caso estatal.

Para estimar el efecto de los presupuestos individuales sobre los presupuestos total y por ende cuantificar el impacto de cada uno de los presupuestos individuales en predecir el comportamiento de los presupuestos totales, se condujo una regresión lineal simple para cada caso (Tablas 2.7 y 2.8). Las Figuras 2.6 y 2.7 indican la situación de relación de los residuales a los valores predichos para el caso de los presupuestos estatales y el caso de los presupuestos federales en relación con el caso de los presupuestos total combinado, respectivamente.

Figura 2.6. Gráfica de residuales versus valores ajustados para la regresión de caso de presupuesto federal versus presupuesto total. (Salida de Minitab®).

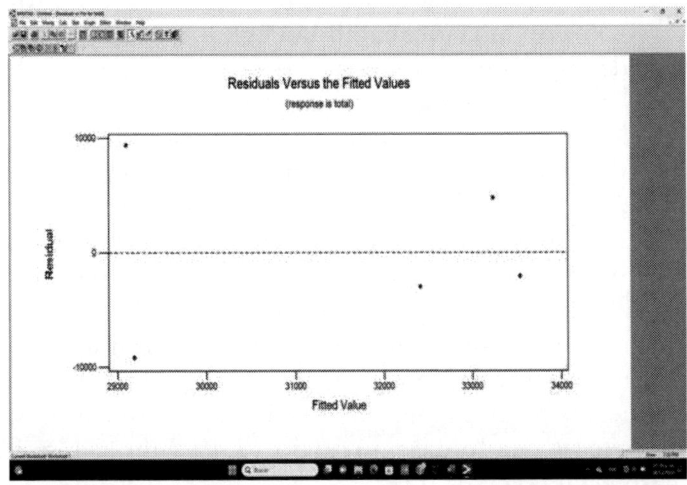

Figura 2.7. Gráfica de residuales versus valores ajustados para la regresión de caso de presupuesto estatal versus presupuesto total. (Salida de Minitab®).

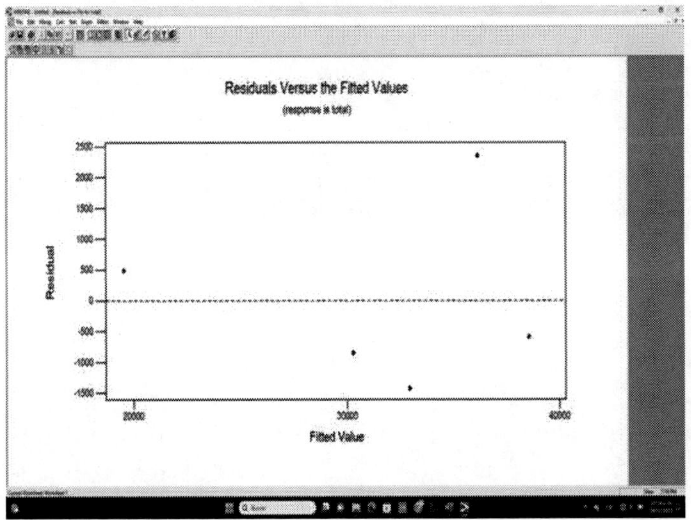

Como se puede notar (Tablas 2.7 y 2.8), en el caso de los espacios federales (Tabla 2.7), el coeficiente de la regresión (0.902) es estadísticamente significativo a nivel de alfa = 0.05 con una probabilidad igual a 0.003, es decir, para cada incremento unitario en el presupuesto federal, hay un incremento estadísticamente significativo igual a 90.2% en presupuestos totales combinados, además, el poder predictivo (R cuadrada) es muy fuerte con un valore igual a 96.1%. En lo referente al caso estatal versus total (Tabla 2.8), el coeficiente de la regresión (-1.29) no es estadísticamente significativo a nivel de alfa = 0.05 con una probabilidad igual a 0.636, es decir, para cada incremento unitario en el presupuesto estatal, hay una reducción aparente y estadísticamente no significativa igual a 129% en los presupuestos totales combinados. Se debe destacar el valor predictivo (R cuadrada) muy bajo (8.4%) de la regresión del caso estatal versus total.

Tabla 2.7.- Análisis de Regresión: total versus Federal. (Salida de Minitab®).

The regression equation is: Total = 16785 + 0.902 Federal					
Predictor	Coef	SE Coef	T	P	
Constant	16785	1882	8.92	0.003	
Federal	0.2885	0.4182	0.69	0.540	
S = 1723 R-Sq = 96.1% R-Sq(adj) = 94.8%					
Analysis of Variance					
Source	DF	SS	MS	F	P
Regression	1	218005886	218005886	73.43	0.003
Residual Error	3	8907009	2969003		
Total	4	226912895			

Tabla 2.8.- Análisis de Regresión: total versus Estatal. (Salida de Minitab®).

The regression equation is: Total = 51056 - 1.29 Estatal					
Predictor	Coef	SE Coef	T	P	
Constant	51056	37488	1.36	0.266	
Estatal	-1.288	2.456	-0.52	0.636	
S = 8324 R-Sq = 8.4% R-Sq(adj) = 0.0%					
Analysis of Variance					
Source	DF	SS	MS	F	P
Regression	1	19053485	19053485	0.27	0.636
Residual Error	3	207859410	69286470		
Total	4	226912895			

Resumen.–De los resultados obtenidos para los 5 años (2017-2021) se concluye que existe, en término promedio, más presupuestos dedicados a las penitenciarías federales que estatales. Esto a pesar de la mayor población de las Personas Privadas de libertad (PPL) para casos estatales que federales. Además, se observa unos aumentos anuales de presupuesto igual a 3,889 unidades y 3,151 unidades para el caso federal y el caso total, respectivamente y una disminución de 739 unidades por cada año para el caso estatal. Cabe resaltar que solamente, los presupuestos federales (y no los estatales) son predictores estadísticamente significativas de los presupuestos totales y con una potencia predictiva y significativa superior a 96%.

3.- INFRAESTRUCTURA FÍSICA FEDERALES Y ESTATALES (2021 VS 2020).

Los datos de la cantidad de Infraestructura federales y estatales para los años 2021 y 2020 se indican en la Tabla 3.

Tabla 3. Magnitud de las Infraestructuras federales y estatales, 2020 y 2021. (Elaboración propia desde INEGI cnspef_2018-2021).

Infraestructura	2021	2020	Total	2021%	2020%
Oficina Admn	310	317	627	49.4	50.6
Area visita Fam	300	305	605	49.6	50.4
Consul Médico	298	300	598	49.8	50.2
Centro Deport	296	305	601	49.3	50.7
Taller de Oficio	287	290	577	49.7	50.3
Area Vist Conyugal	283	283	566	50.0	50.0
Aulas Escolares	279	264	543	51.4	48.6
Locutorios	278	272	550	50.5	49.5
Comedores	275	272	547	50.3	49.7
Bibliotecas	256	254	510	50.2	49.8
Area de recreación	236	198	434	54.4	45.6
Dormitorio	235	229	464	50.6	49.4
Camas Hospitallarias	217	193	410	52.9	47.1
Consulta Psico.Psiqui	212	210	422	50.2	49.8
Espacio Cultos Religios	202	191	393	51.4	48.6
Lavanderia	150	150	300	50.0	50.0
Gimnasio	126	107	233	54.1	45.9
Juzgados	125	116	241	51.9	48.1
Sala Desintoxicacion	68	60	128	53.1	46.9
Hospitales	59	56	115	51.3	48.7
Otros espacios	37	29	66	56.1	43.9

Los datos de la Tabla 3 se puede también observar en el histograma 3. Aquí, se nota que, en los 20 rubros de la infraestructura, para datos originales, existe una partición casi igualitaria entre las dos fechas, es decir entre el año 2020 y el año 2021.

Histograma 3.- Gráfica de datos de infraestructura federales y estatales para los años 2020, 2021 y total o los dos años combinados.

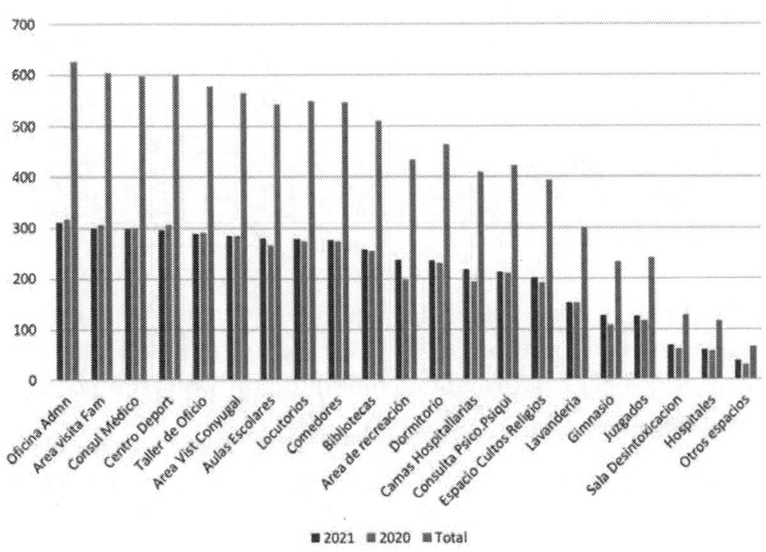

(Elaboración propia).

El análisis descriptivo de los datos (Tabla 3.1, valores de tamaño de la muestra, la media, la mediana, la desviación estándar, el error estándar, el mínimo, el máximo, el cuartil 1 y el cuartil 3) para las Infraestructura de 2021 y 2020 demuestra que hay menos infraestructuras dedicado al caso de 2021 (Media = 229.0) con menor variación (Desviación estándar = 90.8) comparado con el caso de 2020 con media y desviación estándar de 16,308 y 8,185, respectivamente.

Tabla 3.1.- Estadística descriptiva para las infraestructuras, 2020 vs 2021. (Salida de Minitab®).

Descriptive Statistics: Infraestructura física 2021						
Variable	N	Mean	Median	TrMean	StDev	SE Mesn
Infraest	21	215.7	236.0	220.1	87.1	19.0
Variable	Minimum	Maximum	Q1	Q3		
Infraest	37.0	310.0	138.0	285.0		
Descriptive Statistics: Infraestructura física 2021						
Variable	N	Mean	Median	TrMean	StDev	SE Mesn
Infraest	21	209.6	229.0	213.4	90.8	19.8
Variable	Minimum	Maximum	Q1	Q3		
Infraest	29.0	317.0	133.0	286.5		

Cabe destacar que la distribución de los datos de las infraestructuras para los años 2021 y 2020 son normales (Figuras 3.1 y 3.2) (Prueba de Normalidad de Komogorov-Smirnov, con p = 0.073 para 2021 y P = 0.145 para el 2020).

Figura 3.1.- Gráfica de probabilidad normal para infraestructuras federales. (Salida de Minitab®).

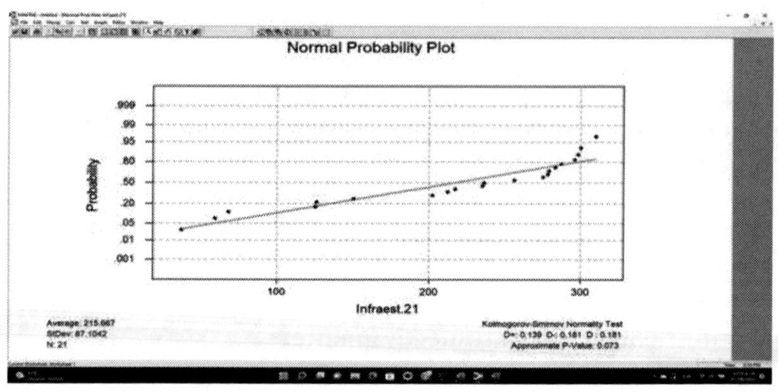

Figura 3.2.- Gráfica de probabilidad normal para infraestructuras estatales. (Salida de Minitab®).

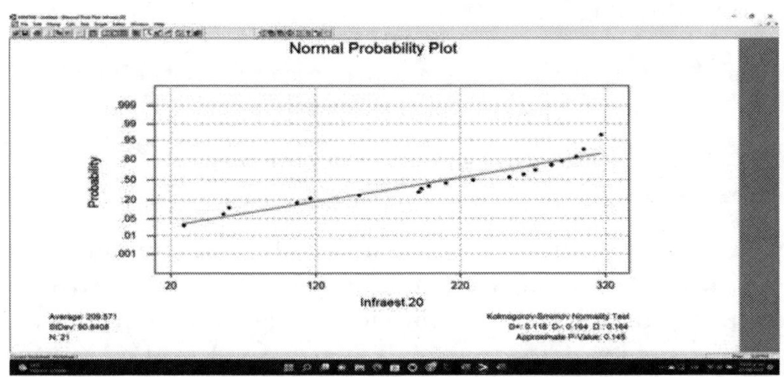

Para analizar la existencia de una diferencia estadísticamente significativa (alfa = 0.05) entre los promedios de las cantidades de las infraestructuras de 2021 versus 2020, se empleó el modelo de t Student para dos muestras. Resultado de este modelo (Tabla 3.2) indica la ausencia de una diferencia estadísticamente significativa con un valor de t = 0.22 y con una probabilidad de p = 0.826.

Tabla 3.2.- Comparación de las medias de infraestructuras 2021 vs 2020. (Salida de Minitab®).

Two sample t-Test for Infraestrutura física =2021 vs 2020				
	N	Mean	StDev	SE Mean
Presupuesto Fed	21	215.7	87.1	19
Presupuesto Est	21	209.6	90.8	20
Difference = mu Infraestruc física 2021 - mu Infraestruc física 2020				
Estimate for difference: 6,1				
95% CI for difference: (-49.5, 61.6)				
T-Test of difference = 0 (vs not =): T-Value = 0.22, P-Value = 0.826, DF = 39				

Además, para demostrar la probable asociación entre la magnitud de las infraestructuras federales y estatales entre 2021 y 2020, se utilizó el moldeo de correlación de Pearson (Tabla 3.3) cuyo resultado indica un valor de coeficiente de correlación igual a 0.993 (una asociación positiva de 99.3%) lo cual fue estadísticamente significativa con un valor de probabilidad igual a 0.000.

Tabla 3.3.- Correlación entre la magnitud de infraestructura entre 2021 y 2020. (Salida de Minitab®).

Pearson correlation of Infraestructura 2021 and Infraestructura 2020 = 0.993
P-Value = 0.0000

Para determinar que la estructura de cuál año puede ser una predictiva estadísticamente significativa de la estructura total combinada, se condujeron regresiones para cada año versus los datos totales (Tablas 3.4 y 3.5). Los resultados del análisis de los residuales contra valores predichos para los datos de la infraestructura del año 2020 contra el total y para el año 2021 contra el total se encuentran en las Figuras 3.3. y 3.4.

Figura 3.3.- Residuales versus valores ajustados, datos de infraestructura 2020 contra el total. (Salida de Minitab®).

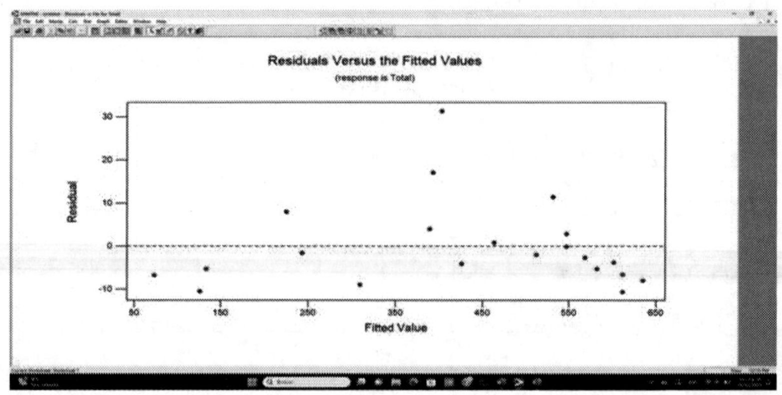

Figura 3.4.- Residuales versus valores ajustados, datos de infraestructura 2021 contra el total. (Salida de Minitab®).

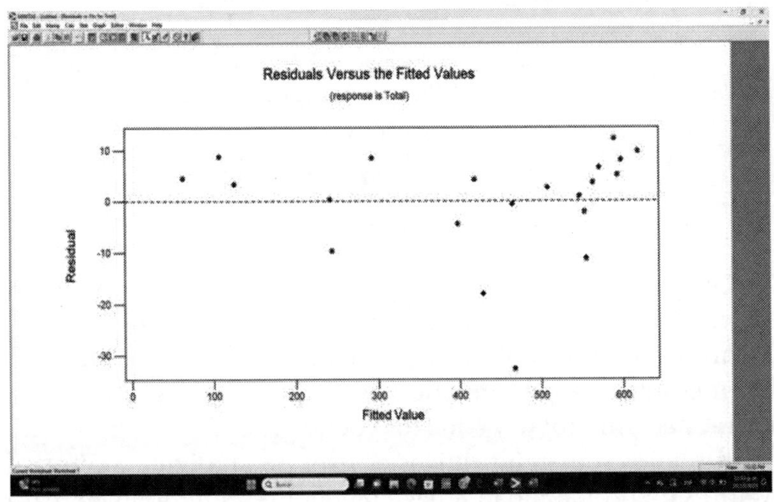

Los resultados demostrados en las Figuras 3.3. y 3.4 indican que las regresiones fueron adecuadas y sin ningún defecto.

Tabla 3.4.- Análisis de Regresión: Total versus 2020. (Salida de Minitab®).

The regression equation is: Total = 16.1 + 1.95 2020					
Predictor	Coef	SE Coef	T	P	
Constant	16.076	5.815	2.76	0.012	
2020	1.95237	0.02555	76.41	0.000	
S = 10.38 R-Sq = 99.7% R-Sq(adj) = 99.7%					
Analysis of Variance					
Source	DF	SS	MS	F	P
Regression	1	629098	629098	5837.88	0.000
Residual Error	19	2047	108		
Total	20	631146			

Tabla 3.5.- Análisis de Regresión: Total versus 2021. (Salida de Minitab®).

The regression equation is: Federal = - 7836048 + 3889 Año				
Predictor	Coef	SE Coef	T	P
Constant	-13.825	6.443	-2.15	0.045
2021	2.03584	0.02779	73.25	0.000
S = 10.83 R-Sq = 99.6% R-Sq(adj) = 99.6%				

Analysis of Variance					
Source	DF	SS	MS	F	P
Regression	1	628919	628919	5365.95	0.000
Residual Error	19	2227	117		
Total	20	631146			

De los resultados de las regresiones de las Tabla 3.4 y 3.5 se puede percatar que en el primer lugar, tanto los datos de la infraestructura del año 2020 como los del año 2021 son predictoras estadísticamente significativas de los datos de la infraestructura total, ya que los coeficientes de regresión para ambos años son significativos a nivel de alfa igual a 5% con valores de probabilidad igual a 0.000. En segundo lugar, para los dos casos (años) los valores de coeficiente de determinación (R cuadrada) son bastante altas (99.7% para el año 2020 y 99.6% para el año 2021), indicando las altas potencias predictivas de ambos años versus total. En tercer lugar, para cada incremento unitario en la infraestructura de cada año, hay un incremento de casi doble para el caso total, ya que los coeficientes de regresión son iguales a 1.95 y 2.04 para los años 2020 y 2021, respectivamente.

Resumen.–De los resultados obtenidos para los dos años (2020 y 2021) se concluye que existe en término promedio, aparentemente, más infraestructura física para 2021 que 2020 (aunque sin diferencia estadísticamente significativa). Los datos de los dos años están correlacionados significativamente. Además, los datos de la infraestructura de cada año constituyen un predictor estadísticamente significativo de los datos totales.

4.- PERSONAL ADSCRITO A PENITENCIARÍAS ESTATALES (2017-2021).

Los datos del número de personal adscrito a las penitenciarías estatales (2017-2021) se indican en la Tabla 4.

Tabla 4.- Personal adscrito a penitenciarías estatales. (Elaboración propia desde INEGI cnspef_2018-2021).

Año	Persona adscritas	%
2017	40512	20.6
2018	39491	20.1
2019	38790	19.7
2020	39501	20.1
2021	38626	19.6

Los datos de la Tabla 4 también se pueden observar en el histograma 4.

Histograma 4.- Gráfica de frecuencia de distribución de datos de personas adscritas a los penitenciarios estatales a lo largo de los cinco años. (Elaboración propia).

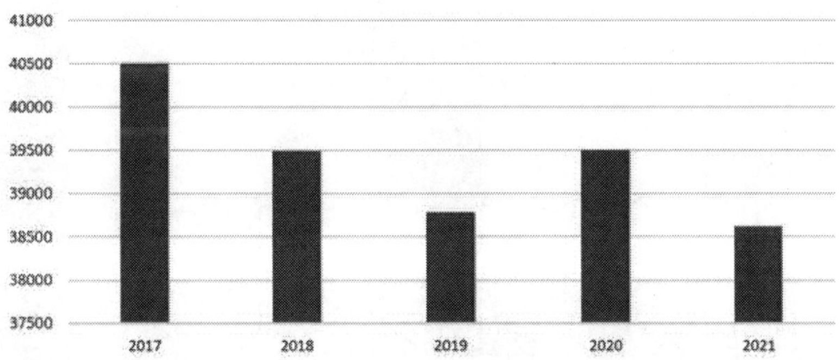

Como se indican los datos de la Tabla 4 y los del Histograma 4, la máxima adscripción fue para el año 2017, la mínima para el año 2021 y con los datos de otros años ubicados a nivel intermedio. El análisis descriptivo de los datos (Tabla

4, valores de tamaño de la muestra, la media, la mediana, la desviación estándar, el error estándar, el mínimo, el máximo, el cuartil 1 y el cuartil 3) para la personal adscrito a penitenciarías estatales (2017-2021) demuestra una media de 39,384 personas y una desviación estándar = 746 personas. Como se puede observar de la tabla arriba existe una repartición muy similar (de 19,6% a 20.6%) de la personal adscrito a penitenciarías estatales durante los años 2017 a 2021, lo que puede constatar por las Figuras 4.1 (Histograma), 4.2 (BoxPlot) y 4.3 (Gráfica conjunta). Además, la distribución de los datos es normal (Figura 4.4, con el valor de la probabilidad normal de Kolmogorov-Smirnov mayor a 0.15 y con un valor D = 0.238).

Figura 4.1.- Histograma de la distribución de los datos de personal adscrita estatal. (Salida de Minitab®).

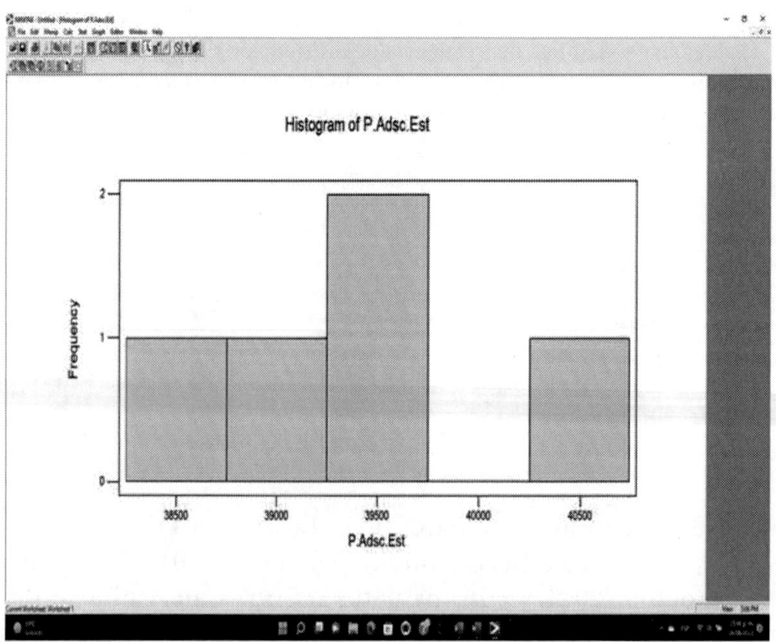

Figura 4.2.- Gráfica de Boxplot de la distribución de los datos de personal adscrita estatal. (Salida de Minitab®).

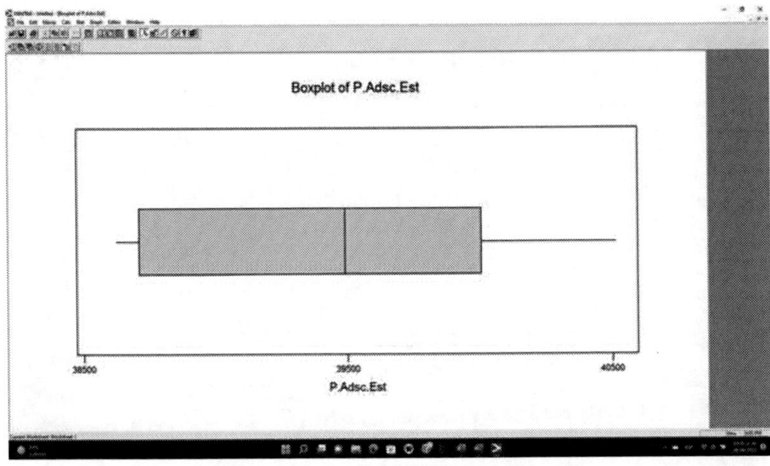

Figura 4.3.- Gráfica conjunta de la distribución de los datos de personal adscrita estatal. (Salida de Minitab®).

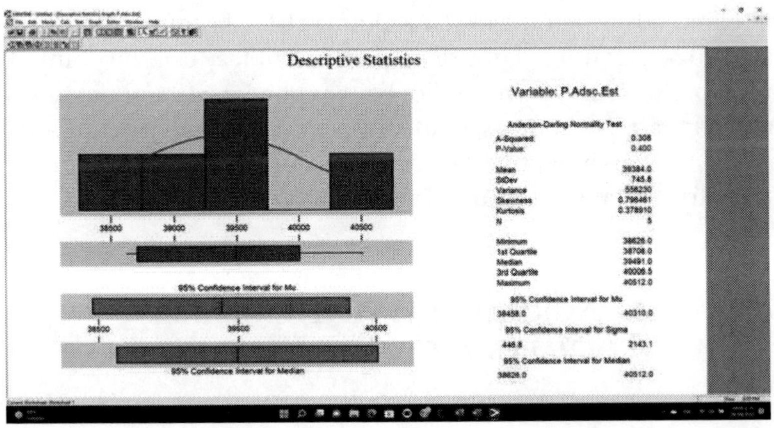

Figura 4.4.- Gráfica de probabilidad normal para personal adscrito estatales. (Salida de Minitab®).

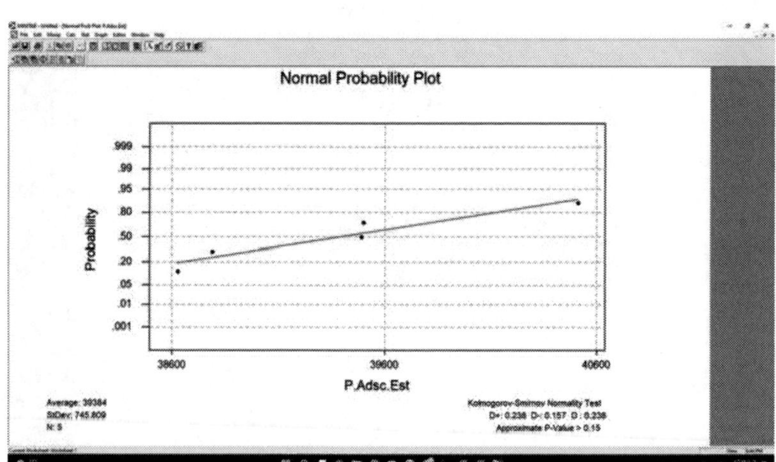

Resumen.–De los resultados obtenidos para los cinco años (2017–2021) se concluye que existe una repartición equitativa de personal adscrita a los C.P. estatales durante estos 5 años. La máxima adscripción fue para el año 2017, la mínima para el año 2021 y con los datos de otros años ubicados a nivel intermedio. En término promedio, hay un poco de 40 mil personas adscritas a estos centros, y, además, existe una repartición muy similar (aproximadamente, 20%) de personal adscrito a penitenciarías estatales durante los años 2017 a 2021.

5.- INGRESO A LAS PENITENCIARÍAS FEDERALES Y ESTATALES (2017-2021).

Los datos de la cantidad de ingreso a las penitenciarías federales (2017 – 2021) se indican en la Tabla 5.

Tabla 5.- Cantidades de ingreso de personas a penitenciarios federales y estatales durante los cinco años. (Elaboración propia desde INEGI cns-pef_2018-2021).

Año	Ing. Federal	Ing. Estatal	Total	%Ing.Fed	%.Ing.Est
2017	4701	101038	105739	4.4	95.6
2018	4124	101512	105636	3.9	96.1
2019	7936	114620	122556	6.5	93.5
2020	5956	104395	110351	5.4	94.6
2021	3204	116048	119252	2.7	97.3

Los datos de la Tabla 5. también se observan en el Histograma 5, donde se nota la enorme diferencia en la cantidad de los ingresos para el caso estatal versus caso federal.

Histograma 5.- Grafica de los ingresos federales, estatales y totales (2017-2021). (Elaboración propia).

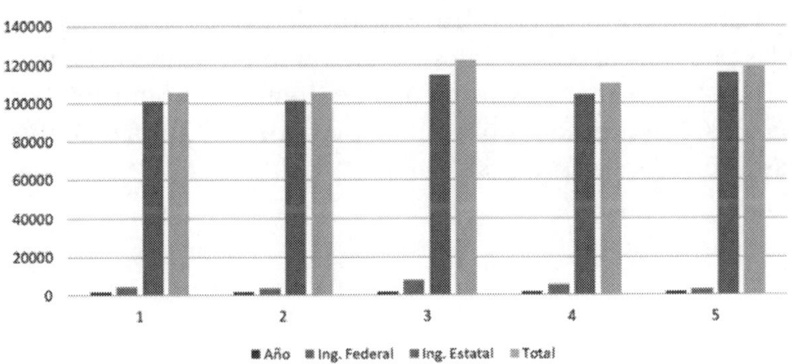

El análisis descriptivo de los datos (Tabla 5.1, valores de tamaño de la muestra, la media, la mediana, la desviación estándar, el error estándar, el mínimo, el máximo, el cuartil 1 y el cuartil 3) para el ingreso a las penitenciarías federales y estatales (2017-2021) demuestra que hay menos ingreso a las penitenciarías federales (Media = 5,184) y con menor variación (Desviación estándar = 1,833) comparado con el caso estatal con media y desviación estándar de 107,523 y 7,263, respectivamente. De hecho, hay casi 21 veces (2100%) ingresos para casos estatales en comparación con los casos federales, en resumen, los ingresos estatales constituyen 95.4% de total de ingresos para ambos casos.

Tabla 5.1. Estadística descriptive para ingresos a la penitenciaría federales y estatales 2017-2021. (Salida de Minitab®).

Descriptive Statistics: **Ing. Federal**						
Variable	N	Mean	Median	TrMean	StDev	SE Mesn
Ing.Fede	5	5184	4701	5184	1833	820
Variable	Minimum	Maximum	Q1	Q3		
Ing.Fede	3204	7936	3664	6946		
Descriptive Statistics: **Ing. Estatal**						
Variable	N	Mean	Median	TrMean	StDev	SE Mesn
Ing.Esta	5	107523	104395	107523	7263	3248
Variable	Minimum	Maximum	Q1	Q3		
Ing.Esta	101038	116048	101275	115334		

Cabe destacar que la distribución de los datos del ingreso a las penitenciarías federales y estatales son normales (Figuras 5.1 y 5.2) (Prueba de Normalidad de Komogorov-Smirnov, con D = 0.204 y valor de probabilidad, p mayor de 0.15 para ambos casos federales y estatales).

Figura 5.1.- Gráfica de probabilidad normal para ingresos a C.P. federales. (Salida de Minitab®).

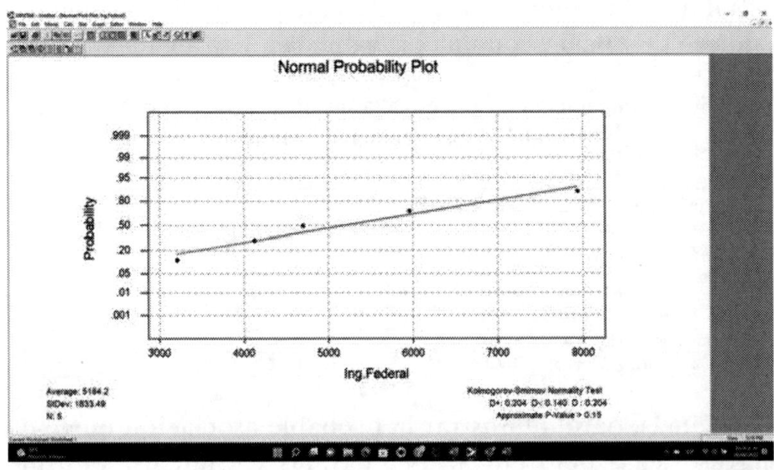

Figura 5.2.- Gráfica de probabilidad normal para ingresos a C.P. estatales. (Salida de Minitab®).

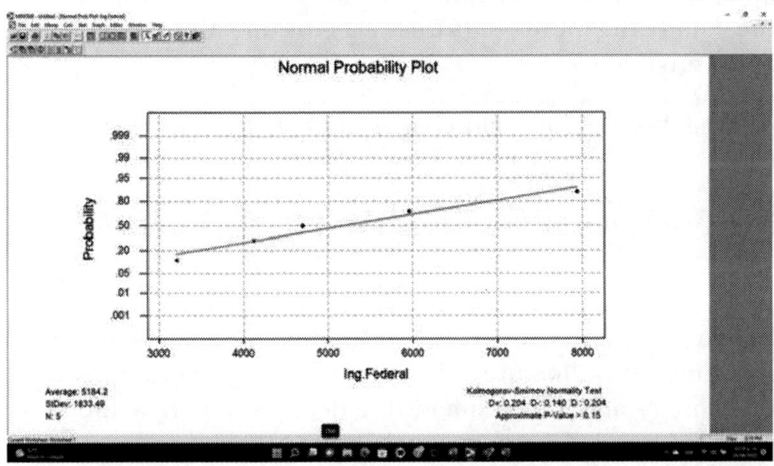

Para analizar la existencia de una diferencia estadísticamente significativa (alfa = 0.05) entre los promedios del ingreso a las penitenciarías federales y estatales, se empleó el modelo de t Student para dos muestras. Resultado de este modelo (Tabla 5.2) indica una diferencia estadísticamente significativa con un valor de t = -30.55 y con una probabilidad de p = 0.000.

Tabla 5.2.- Comparación del ingreso a las penitenciarías federales y estatales, 2017-2021. (Salida de Minitab®).

Two- sample t-Test for Ingreso.Federal vs Ingreso.Estatal				
	N	Mean	StDev	SE Mean
Ing Fed	5	5184	1833	820
Ing Est	5	107523	7263	3248
Difference = mu Ingreso.Federal - mu Ingreso.Estatal				
Estimate for difference: -102338				
95% CI for difference: (-111640, -93037)				
T-Test of difference = 0 (vs not =): T-Value = -30.55, P-Value = 0.000, DF = 4				

Además, para demostrar la probable asociación entre el ingreso a las penitenciarías federales y estatales, se utilizó el moldeo de correlación de Pearson (Tabla 5.3) cuyo resultado indica un valor de coeficiente de correlación igual a 0.183 (una asociación positiva de 18.3%) lo cual no fue estadísticamente significativa con un valor de probabilidad igual a 0.768.

Tabla 5.3.- Correlación entre el ingreso a las penitenciarías federales vs estatales. (Salida de Minitab®).

Pearson correlation of Ing. Federal and Ing. Estatal = 0.183
P-Value = 0.768

Para investigar la dinámica del ingreso de las personas a los centros penitenciarios (C.P.), se condujo un análisis de regresión lineal entre los años y los ingresos para cada caso de federal como estatal. Los resultados se demuestran en la Tabla 5.4 (caso federal) y 5.5 (caso estatal).

Tabla 5.4. Regresión lineal entre los ingresos a los C.P. federales y los años transcurridos. (Salida de Minitab®).

The regression equation is: Federal = 239792 – 116 Año					
Predictor	Coef	SE Coef	T	P	
Constant	239792	1344911	0.18	0.870	
Año	-116.2	666.1	-0.17	0.873	
S = 2106 R-Sq = 1.0% R-Sq(adj) = 0.0%					
Analysis of Variance					
Source	DF	SS	MS	F	P
Regression	1	135024	135024	0.03	0.873
Residual Error	3	13311752	4437251		
Total	4	13446777			

Tabla 5.5. Regresión lineal entre los ingresos a los C.P. estatales y los años transcurridos. (Salida de Minitab®).

The regression equation is: Ing. Estatal = - 6535593 + 3290 Año					
Predictor	Coef	SE Coef	T	P	
Constant	-6535593	3736588	-1.75	0.179	
Año	3290	1851	1.78	0.173	
S = 5852 R-Sq = 51.3% R-Sq(adj) = 35.1%					
Analysis of Variance					
Source	DF	SS	MS	F	P
Regression	1	108260741	108260741	3.16	0.173
Residual Error	3	102754022	34251341		
Total	4	211014763			

A pesar de la ausencia de la significancia estadística de los coeficientes de regresión (valores de probabilidad de 0.873 y 0.173 para casos federal y estatal, respectivamente), se aprecia una dinámica del flujo de los ingresos de -116 (caso federal) y +3290 (caso estatal), indicando la enorme diferencial de flujo de ingreso a los C.P. estatales versus C.P. federales.

Para determinar el valor predicativo de los ingresos individuales, tanto estatal como federal versus total, se condujeron regresiones lineales para cada caso individual contra el total. Los resultados se encuentran en las Tablas 5.6 y 5.7. Además, las Figuras 5.3 y 5.4 indican los residuales versus datos ajustados demostrando que las regresiones son apropiadas.

Figura 5.3. Residuales versus valores ajustados, ingresos estatales versus ingresos totales. (Salida de Minitab®).

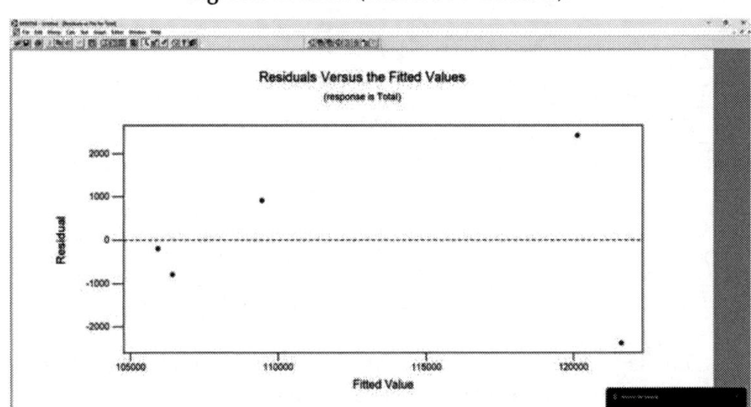

Figura 5.4. Residuales versus valores ajustados, ingresos federales versus ingresos totales. (Salida de Minitab®).

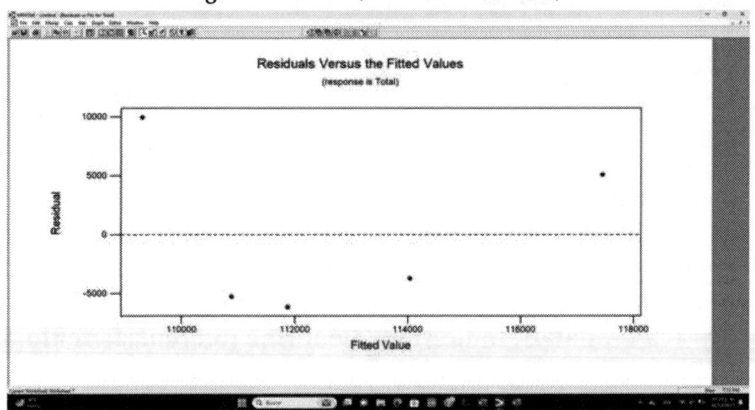

Los resultados de regresión de los ingresos del caso estatal versus los ingresos totales (Tabla 5.6) demuestran que el coeficiente de regresión es estadísticamente significativo a nivel a alfa igual a 5% ($p = 0.005$) y con un valor muy alto de 94.7% de coeficiente de determinación (R cuadrada), lo cual es indicativo del alto poder predictivo del modelo, es decir, casi 5% de la variación en los datos de la variable de la respuesta (ingresos totales) es desconocida o se debe al factor aleatorio y el resto es debido al modelo de regresión.

Tabla 5.6.- Análisis de Regresión: Total versus Ingreso Estatal. (Salida de Minitab®).

The regression equation is: Total = 221 + 1.05 Ingreso Estatal					
Predictor	Coef	SE Coef	T	P	
Constant	221	15435	0.01	0.989	
Ing. Est	1.0462	0.1433	7.30	0.005	
S = 2081 R-Sq = 94.7% R-Sq(adj) = 92.9%					
Analysis of Variance					
Source	DF	SS	MS	F	P
Regression	1	230945478	230945478	53.31	0.005
Residual Error	3	12997149	4332383		
Total	4	243942627			

Para el caso de los ingresos federales versus los ingresos total (Tabla 5.7), el coeficiente de regresión no es estadísticamente significativa a nivel de alfa igual al 5% y con un valor de probabilidad igual a 0.499. Además, el valor bajo del coeficiente de determinación (R cuadrada) igual a 16.4% es indicativo del poder predictivo muy pobre del modelo de regresión para utilizar las cantidades de los ingresos federales como un predictor de las cantidades de los ingresos totales.

Tabla 5.7.- Análisis de Regresión: Total versus Ing. Federal. (Salida de Minitab®).

The regression equation is: Total = 103767 + 1.72 Ingreso Federal					
Predictor	Coef	SE Coef	T	P	
Constant	103767	12226	8.49	0.003	
Ing. Fed	1.724	2.249	0.77	0.499	
S = = 8245 R-Sq = 16.4% R-Sq(adj) = 0.0%					
Analysis of Variance					
Source	DF	SS	MS	F	P
Regression	1	39983695	39983695	0.59	0.499
Residual Error	3	203958932	67986311		
Total	4	243942627			

Resumen–De los resultados obtenidos para los 5 años (2017–2021) se concluye que existe en término promedio, más ingreso a las penitenciarías estatales versus federales. De hecho, las medias de ingreso anuales a los C.P. federales y estatales son significativamente diferentes. Además, se puede apreciar un flujo de ingreso anual negativo y positivo para C.P. federales y estatales, respectivamente.

6.- EGRESO DE LAS PENITENCIARÍAS FEDERALES Y ESTATALES (2017-2021).

Los datos de la cantidad de egreso de las penitenciarías federales (2017 – 2021) se indican en la Tabla 6.

Tabla 6.- Cantidades de egresos de las penitenciarías federales y estatales ()2017-2021). (Elaboración propia desde INEGI cnspef_2018-2021).

Año	Egreso Federal	Egreso Estatal	Total	%Egr.Fed	%Egr.Est
2017	7543	103739	111282	6.8	93.2
2018	5147	103820	108967	4.7	95.3
2019	8556	104502	113058	7.6	92.4
2020	5988	87260	93248	6.4	93.6
2021	3822	103039	106861	3.6	96.4

Los datos de la Tabla 6 también se observan en el Histograma 6, en donde se puede notar la abrumadora diferencia entre las personas que egresan de las penitenciarías estatales versus las que egresan de las penitenciarías federales.

Histograma 6. Datos de la Tabla 6 indicados en este histograma.

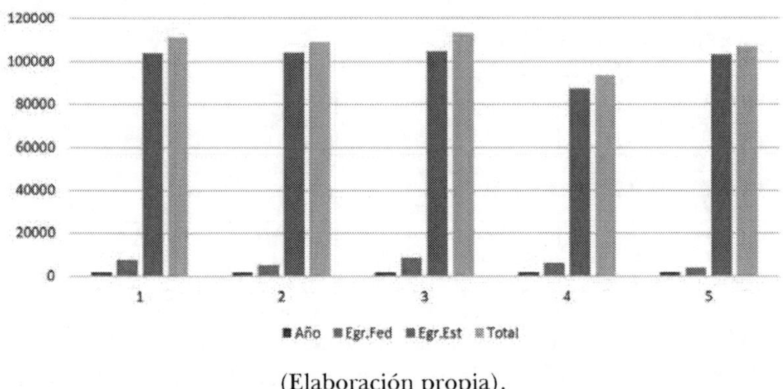

(Elaboración propia).

El análisis descriptivo de los datos (Tabla 6.1, valores de tamaño de la muestra, la media, la mediana, la desviación estándar, el error estándar, el mínimo, el máximo, el cuartil 1 y el cuartil 3) para el egreso de las penitenciarías federales y estatales (2017-2021) demuestra que hay menos mucho más egresos de las penitenciarías estatales (Media = 100,472) y con mayor variación (Desviación estándar = 7,404) comparado con el caso federal con media y desviación estándar de 6,211 y 1,882, respectivamente. Es decir, para cada egreso de los penitenciarios federales, hay más de 16 (1600%) egresos estatales, y en resumen, los egresos estatales constituyen 94.2% del total de las personas que egresan de ambas penitenciarias federales y estatales.

Tabla 6.1. Estadística descriptive para egresos de la penitenciaría federales y estatales 2017-2021. (Salida de Minitab®).

Descriptive Statistics: **Egreso Federal**						
Variable	N	Mean	Median	TrMean	StDev	SE Mesn
Egr.Fede	5	6211	5988	6211	1882	841
Variable	Minimum	Maximum	Q1	Q3		
Egr.Fede	3822	8556	4485	8050		
Descriptive Statistics: **Egreso Estatal**						
Variable	N	Mean	Median	TrMean	StDev	SE Mesn
Egr.Esta	5	100472	103739	100472	7404	3311
Variable	Minimum	Maximum	Q1	Q3		
Egr.Esta	87260	104502	95150	104161		

Cabe destacar que la distribución de los datos del egreso de las penitenciarías federales es normal (Figura 6.1) (Prueba de Normalidad de Komogorov-Smirnov, con D = 0.160 y un valor de probabilidad p mayor de 0.15). Sin embargo, esta distribución no es normal para el caso estatal (Figura 6.2) según la prueba de Normalidad de Komogorov-Smirnov con un valor de D = 0.436 y un valor de probabilidad meno a 0.01). La falta de la normalidad en estos casos es irrelevante, debido a la robustes de los modelos utilizados.

Figura 6.1.- Gráfica de probabilidad normal para egreso de las penitenciarías federales. (Salida de Minitab®).

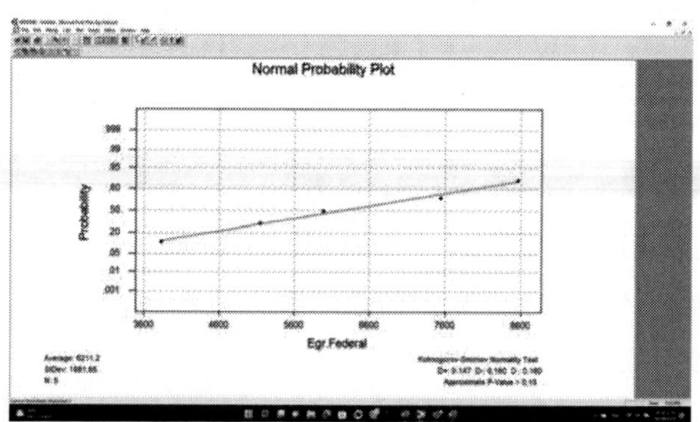

Figura 6.2.- Gráfica de probabilidad normal para egreso de las penitenciarías estatales. (Salida de Minitab®).

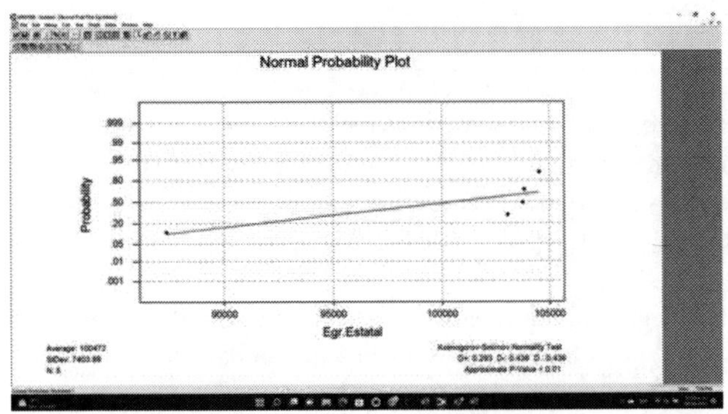

Para analizar la existencia de una diferencia estadísticamente significativa (alfa = 0.05) entre los promedios del egreso de las penitenciarías federales y estatales, se empleó el modelo de t Student para dos muestras. Resultado de este modelo (Tabla 6.2) indica una diferencia estadísticamente significativa con un valor de t = -27.59 y con una probabilidad de p = 0.000.

Tabla 6.2.- Comparación de los promedios del egreso de las penitenciarías federales y estatales, 2017-2021. (Salida de Minitab®).

Two- sample t-Test for Egreso Federal vs Egreso Estatal				
	N	Mean	StDev	SE Mean
Egr Fede	5	6211	1882	841
Egr Esta	5	100472	7404	3311
Difference = mu Egreso Federal - mu Egreso Estatal				
Estimate for difference: -94261				
95% CI for difference: (-103746, -84775)				
T-Test of difference = 0 (vs not =): T-Value = -27.59, P-Value = 0.000, DF = 4				

Además, para demostrar la probable asociación entre el egreso de las penitenciarías federales y estatales, se utilizó el moldeo de correlación de Pearson (Tabla 6.3) cuyo resultado indica un valor de coeficiente de correlación igual a 0.127 (una asociación positiva de 12.7%) lo cual no fue estadísticamente significativa con un valor de probabilidad igual a 0.839.

Tabla 6.3.- Correlación entre el egreso de las penitenciarías federales vs estatales. (Salida de Minitab®).

Pearson correlation of Egreso Federal and Egreso Estatal = 0.127
P-Value = 0.839

Para investigar la dinámica del egreso de las personas de los centros penitenciarios (C.P.), se condujo análisis de regresión lineal entre los años y los egresos para cada caso federal como estatal. Los resultados se demuestran en las Tablas 6.4 y 6.5.

Tabla 6.4.- Regresión lineal entre los egresos de los C.P. federales y los años transcurridos. (Salida de Minitab®).

The regression equation is: Egr. Fed = 1338953 - 660 Año					
Predictor	Coef	SE Coef	T	P	
Constant	1338953	1154254	1.16	0.330	
Año	-660.1	571.7	-1.15	0.332	
S = 1808 R-Sq = 30.8% R-Sq(adj) = 7.7%					
Analysis of Variance					
Source	DF	SS	MS	F	P
Regression	1	4357320	4357320	1.33	0.332
Residual Error	3	9805075	3268358		
Total	4	14162395			

Tabla 6.5.- Regresión lineal entre los egresos de los C.P. estatales y los años transcurridos. (Salida de Minitab®).

The regression equation is: Egr.Est = 3726596 - 1796 Año					
Predictor	Coef	SE Coef	T	P	
Constant	3726596	5040950	0.74	0.513	
Año	-1796	2497	-0.72	0.524	
S = 7895 R-Sq = 14.7% R-Sq(adj) = 0.0%					
Analysis of Variance					
Source	DF	SS	MS	F	P
Regression	1	32256160	32256160	0.52	0.524
Residual Error	3	187013566	62337855		
Total	4	219269726			

A pesar de la ausencia de la significancia estadística de los coeficientes de regresión (valores de probabilidad de 0.332 y 0.524 para casos federal y estatal, respectivamente), se aprecia una dinámica del flujo de los egresos de -660 (caso federal) y -1,796 (caso estatal), indicando un 272% más de flujo de egreso de los C.P. estatales versus C.P. federales.

Para determinar el valor predicativo de los egresos individuales, tanto estatal como federal versus total, se condujeron regresiones lineales para cada caso individual contra el total. Los resultados se encuentran en las Tablas 6.6 y 6.7. Además, las Figuras 6.3 y 6.4 indican los residuales versus datos ajustados demostrando que las regresiones son apropiadas.

Figura 6.3.- Residuales versus valores ajustados, egresos estatales versus ingresos totales. (Salida de Minitab®).

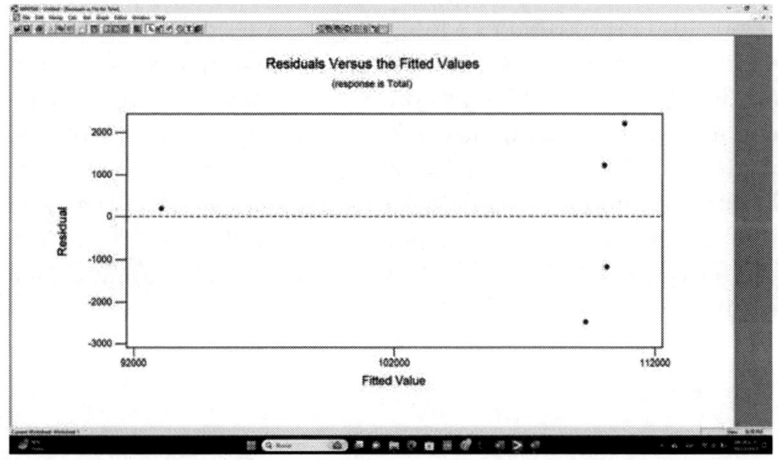

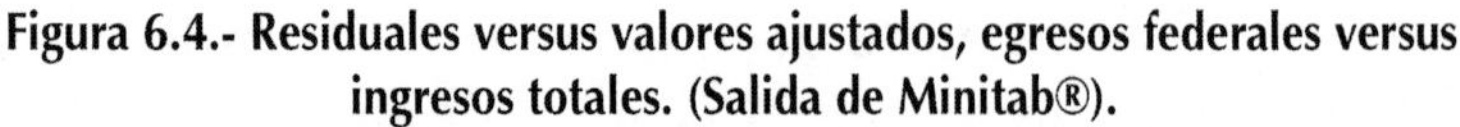

Figura 6.4.- Residuales versus valores ajustados, egresos federales versus ingresos totales. (Salida de Minitab®).

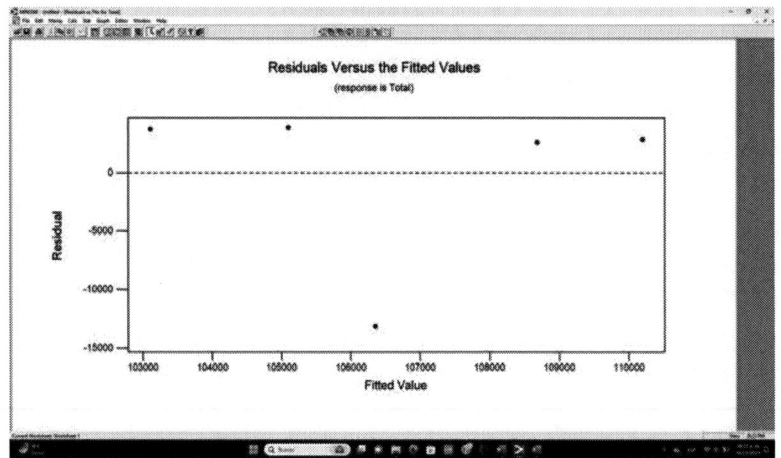

Los resultados de la regresión de los egresos del caso estatal versus los egresos totales (Tabla 6.6) demuestran que la coeficiente de regresión es estadísticamente significativa a nivel a alfa igual a 5% (p = 0.006) y con un valor muy alto de 94.4% de coeficiente de determinación (R cuadrada), lo cual es indicativo del poder predictivo del modelo, es decir, menos de 6% de la variación en los datos de la variable de la respuesta (egresos totales) es desconocida o se debe al factor aleatorio, mientras que el resto (94.4%) de la variación arriba mencionada esta explicada por la ecuación de la regresión.

Tabla 6.6.- Análisis de Regresión: Total versus Egreso Estatal. (Salida de Minitab®).

The regression equation is: Total = 2979 + 1.03 Egreso Estatal					
Predictor	Coef	SE Coef	T	P	
Constant	2979	14655	0.20	0.852	
Egr. Est	1.0322	0.1455	7.09	0.006	
S = 2155 R-Sq = 94.4% R-Sq(adj) = 92.5%					
Analysis of Variance					
Source	DF	SS	MS	F	P
Regression	1	233603490	233603490	50.29	0.006
Residual Error	3	13935501	4645167		
Total	4	247538991			

Para el caso de los egresos federales versus los egresos total (Tabla 5.7), el coeficiente de regresión no es estadísticamente significativa a nivel de alfa igual al 5% y con un valor de probabilidad igual a 0.554. Además, el valor pobre del coeficiente de determinación (R cuadrada) igual a 12.8% es indicativo del poder predictivo muy bajo del modelo de regresión para utilizar las cantidades de los egresos federales como un predictor de las cantidades de los egresos totales.

Tabla 6.7.- Análisis de Regresión: Total versus Egreso Federal. (Salida de Minitab®).

The regression equation is: Total = 97379 + 1.50 Egreso Federal					
Predictor	Coef	SE Coe3f	T	P	
Constant	97379	14502	6.72	0.007	
Egr. Fed	1.498	2.253	0.66	0.554	
S = = 8481 R-Sq = 12.8% R-Sq(adj) = 0.0%					
Analysis of Variance					
Source	DF	SS	MS	F	P
Regression	1	31782156	31782156	0.44	0.554
Residual Error	3	215756835	71918945		
Total	4	247538991			

Resumen.–De los resultados obtenidos para los 5 años (2017–2021) se concluye que existe, en término promedio, menos egreso a las penitenciarías federales versus estatales. Las medias de egreso de los C.P. federales y estatales son significativamente diferentes. Además, se puede apreciar un flujo de egreso anual negativo en los C.P. federales y estatales, respectivamente (aunque la cantidad de egreso de los C.P. estatales son casi 3 veces versus federales). Se destaca que las cantidades de los egresos de las penitenciarías estatales son estadísticamente predictores significativas de las cantidades de los egresos totales.

7.- COMPARACIÓN ENTRE INGRESO A Y EGRESO DE LAS PENITENCIARÍAS FEDERALES, 2017-2021.

Los datos de cantidades de las personas que ingresan a y egresen de las penitenciarías federales se encuentran en la Tabla 7.

Tabla 7.- Datos de comparación entre ingreso a y egreso de las penitenciarías federales, 2017-2021. (Elaboración propia desde INEGI cnspef_2018-2021).

Año	Ing. Federal	Egr. Federal	Total	Egr-Ing	%(Egr-Ing)/Ing
2017	4701	7543	12244	2842	60.5
2018	4124	5147	9271	1023	24.8
2019	7936	8556	16492	620	7.8
2020	5956	5988	11944	32	0.5
2021	3204	3822	7026	618	19.3

Los resultados de estadística descriptiva sobre los datos (promedio para el ingreso = 5,184 y para el egreso = 6,211) y la normalidad de las distribuciones de los datos para ingreso a y egreso de las penitenciarías federales, 2017-2021 fueron presentados en las secciones 5 y 6.

Con el objetivo de analizar la existencia de una diferencia estadísticamente significativa (alfa = 0.05) entre los promedios de ingresos (5,184) a y egresos (6,211) de las penitenciarías federales para los años 2017-2021, se empleó el modelo de t Student para dos muestras. Resultado de este modelo (Tabla 7.1) indica no diferencia estadísticamente significativa con un valor de t = -8.7 y con una probabilidad de p = 0.411.

Tabla 7.1.- Comparación de ingreso a y egreso de las penitenciarías federales, 2017-2021. (Elaboración propia).

Two- sample t-Test for Ingresos Federal vs Egresos.Federal				
	N	Mean	StDev	SE Mean
Egr Fede	5	5184	1833	820
Egr Fede	5	6211	1882	841
Difference = mu Ing.Federal - mu Egr.Federal				
Estimate for difference: -1027				
95% CI for difference: (-3807, 1753)				
T-Test of difference = 0 (vs not =): T-Value = -0.87, P-Value = 0.411, DF = 7				

Además, para demostrar la probable asociación entre el ingreso a y egreso de las penitenciarías federales (2017-2021), se utilizó el moldo de correlación de Pearson (Tabla 7.2) cuyo resultado indica un valor de coeficiente de correlación igual a 0.833 (una asociación positiva de 83.3%) lo cual no fue estadísticamente significativa a nivel de alfa igual al 5%, con un valor de probabilidad igual a 0.80.

Tabla 7.2.- Correlación entre el ingreso a y egreso de las penitenciarías federales, 2017-2021. (Salida de Minitab®).

Pearson correlation of Ing. Federal and Egr Federal = 0.833
P-Value = 0.080

Para investigar la dinámica conjunta de ingresos y egresos de las personas de los centros penitenciarios (C.P.) federales, se condujo análisis de regresión lineal entre los años y los ingresos, egresos, egresos – ingresos y %egresos en base a ingresos. Los resultados se demuestran en la Tabla 7.3.

A pesar de la ausencia de la significancia estadística (alfa = 5%) de los coeficientes de regresión (todos los valores de probabilidad para los coeficientes de regresión superior a 0.05), se aprecia una dinámica anual del flujo de: -544 (egreso – ingreso), -10.7% (%(Egr-Ing)/Ing), -116 (Ingreso), y -660 (Egreso) aunque no estadísticamente significativos a nivel de alfa igual al 5%. Por tanto, en caso de los C.P. federales, anualmente, hay más egreso versus ingreso, con una reducción anual paulatina de la diferencia entre los egresos e ingresos y también en % de esta diferencia indexada en base al ingreso.

Tabla 7.3.- Análisis de regresión para diferentes aspectos de ingreso, egreso, egreso – ingreso y %egreso en base a ingreso, caso federal. (Salida de Minitab®).

Regression Analysis: "Egr-Ing" versus Año					
The regression equation is: Egr-Ing = 1099161 - 544 Año					
Predictor	Coef	SE Coef	T	P	
Constant	1099161	474776	2.32	0.104	
Año	-543.9	235.2	-2.31	0.104	
S = 743.6 R-Sq = 64.1% R-Sq(adj) = 52.1%					
Analysis of Variance					
Source	DF	SS	MS	F	P
Regression	1	2958272	2958272	5.35	0.104
Residual Error	3	1658924	552975		
Total	4	4617196			
Regression Analysis: % (Ege-Ing)/Ing versus Año					
The regression equation is: %(Egr-Ing)/Ing = 21565 - 10.7 Año					
Predictor	Coef	SE Coef	T	P	
Constant	21565	11779	1.83	0.165	
Año	-10.670	5.834	-1.83	0.165	
S = 18.45 R-Sq = 52.7% R-Sq(adj) = 37.0%					
Analysis of Variance					
Source	DF	SS	MS	F	P
Regression	1	1138.5	1138.5	3.34	0.165
Residual Error	3	1021.1	340.4		
Total	4	2159.6			
Regression Analysis: Ing. Federal versus Año					
The regression equation is Ing. Federal = 239792 - 116 Año					
Predictor	Coef	SE Coef	T	P	
Constant	239792	1344911	0.18	0.870	
Año	-116.2	666.1	-0.17	0.873	
S = 1808 R-Sq = 30.8% R-Sq(adj) = 7.7%					
Analysis of Variance					
Source	DF	SS	MS	F	P
Regression	1	135024	135024	0.03	0.873
Residual Error	3	13311752	4437251		
Total	4	13446777			
Regression Analysis: Egr. Federal versus Año					
The regression equation is Egr. Federal = 1338953 - 660 Año					
Predictor	Coef	SE Coef	T	P	
Constant	1338953	1154254	1.16	0.330	
Año	-660.1	571.7	-1.15	0.332	
S = 1808 R-Sq = 30.8% R-Sq(adj) = 7.7%					
Analysis of Variance					
Source	DF	SS	MS	F	P
Regression	1	4357320	4357320	1.33	0.332
Residual Error	3	9805075	3268358		
Total	4	14162395			

Resumen.–De los resultados obtenidos para los cinco años (2017–2021) se concluye que existe en término promedio, la misma cantidad de los ingresos e egresos de los C.P. federales, sin una diferencia estadísticamente significativa entre las medias. Además, se puede apreciar que anualmente, hay más egreso versus ingreso, y una reducción anual paulatina de la diferencia entre el egreso, el ingreso y también en % de esta diferencia indexada en base al ingreso.

8.- COMPARACIÓN ENTRE INGRESO A Y EGRESO DE LAS PENITENCIARÍAS ESTATALES, 2017-2021.

Los datos de las personas que ingresan a y los que egresan de las penitenciarías estatales se encuentran en la Tabla 8.

Tabla 8.- Datos de comparación entre ingreso a y egreso de las penitenciarías estatales, 2017-2021. (Elaboración propia desde INEGI cnspef_2018-2021).

Año	Ingreso Estatal	Egreso Estatal	Total	Egr-Ing	%(Egr-Ing)/Ing
2017	101038	103739	204777	2701	2.7
2018	101512	103820	205332	2308	2.3
2019	114620	104502	219122	-10118	-8.8
2020	104395	87260	191655	-17135	-16.4
2021	116048	103039	219087	-13009	-11.2

Los resultados de estadística descriptiva sobre los datos de la Tabla 8 (promedio para el ingreso = 7,363 y para el egreso = 7,404 y la normalidad de las distribuciones de los datos para ingreso a y egreso de las penitenciarías estatales, 2017-2021 fueron presentados en las secciones 5 y 6. Para analizar la existencia de una diferencia estadísticamente significativa (alfa = 0.05) entre los promedios de ingresos (5,184) a y egreso (6,211) de las penitenciarías estatales para los años 2017-2021, se usó el modelo de t Student para dos muestras. Resultado de este modelo (Tabla 8.1) indica no diferencia estadísticamente significativa (alfa = 0.05) con un valor de t = 1.52 y con una probabilidad de p = 0.172.

Tabla 8.1.- Comparación de ingreso a y egreso de las penitenciarías estatales, 2017-2021. (Salida de Minitab®).

Two- sample t-Test for Ingresos Estatal vs Egresos Estatal				
	N	Mean	StDev	SE Mean
Egr Esta	5	107523	7263	3248
Egr Esta	5	100472	7404	3311
Difference = mu Ing. Estatal - mu Egr. Estatal				
Estimate for difference: 7051				
95% CI for difference: (-3925, 18026)				
T-Test of difference = 0 (vs not =): T-Value = 1.52, P-Value = 0.172, DF = 7				

Además, para demostrar la probable asociación entre los ingresos a y los egresos de las penitenciarías estatales (2017-2021), se utilizó el moldeo de correlación de Pearson (Tabla 8.2) cuyo resultado indica un valor de coeficiente de correlación igual a 0.235 (una asociación positiva de 23.5%) lo cual no fue estadísticamente significativa (alfa = 0.05) con un valor de probabilidad igual a 0.704.

Tabla 8.2.- Correlación entre el ingreso a y egreso de las penitenciarías federales, 2017-2021. (Salida de Minitab®).

Pearson correlation of Ing. Estatal and Egr Estatal = 0.235
P-Value = 0.704

Para investigar la dinámica conjunta de los ingresos y los egresos de las personas de los centros penitenciarios (C.P.) estatales, se condujo análisis de regresión lineal entre los años y los ingreso, los egreso, la diferencia de egreso – ingreso y el %egresos en base a los ingresos. Los resultados se demuestran en la Tabla 8.3.

Con excepción del caso de egreso-ingreso (valor de probabilidad igual a 0.045), y a pesar de la ausencia de la significancia estadística de los coeficientes de regresión (todos los valores de probabilidad superior a 0.05), se aprecia una dinámica anual del flujo de: -5,086 (egreso – ingreso) que es significativa, -4.65% (%(Egr-Ing)/Ing), +3,290 (Ingreso), y -1,796 (Egreso). Por tanto, en caso de los C.P. estatales, anualmente, hay más egreso versus ingreso (con excepción de los años 2019-2021), con una reducción paulatina (excepto los 3 años de 2019-2021) de la diferencia entre el egreso e ingreso y también en % de esta diferencia indexada en base al ingreso.

Tabla 8.3.- Análisis de regresión para diferentes aspectos de ingreso, egreso, egreso – ingreso y %egreso en base a ingreso. (Salida de Minitab®).

Regression Analysis: "Egr-Ing" versus Año					
The regression equation is: Egr-Ing = 10262189 - 5086 Año					
Predictor	Coef	SE Coef	T	P	
Constant	10262189	3096808	3.31	0.045	
Año	-5086	1534	-3.32	0.045	
S = 4850 R-Sq = 78.6% R-Sq(adj) = 71.4%					
Analysis of Variance					
Source	DF	SS	MS	F	P
Regression	1	258704477	258704477	11.00	0.045
Residual Error	3	70579216	23526405		
Total	4	23526405			
Regression Analysis: %(Ege-Ing)/Ing versus Año					
The regression equation is: %(Egr-Ing)/Ing = 9382 - 4.65 Año					
Predictor	Coef	SE Coef	T	P	
Constant	9382	3106	3.02	0.057	
Año	-4.650	1.538	-3.02	0.057	
S = 4.865 R-Sq = 75.3% R-Sq(adj) = 67.0%					
Analysis of Variance					
Source	DF	SS	MS	F	P
Regression	1	216.22	216.22	9.14	0.057
Residual Error	3	71.00	23.67		
Total	4	287.23			
Regression Analysis: Ing. Estatal versus Año					
The regression equation is: Ing. Estatal = - 6535593 + 3290 Año					
Predictor	Coef	SE Coef	T	P	
Constant	-6535593	3736588	-1.75	0.179	
Año	3290	1851	1.78	0.173	
S = 5852 R-Sq = 51.3% R-Sq(adj) = 35.1%					
Analysis of Variance					
Source	DF	SS	MS	F	P
Regression	1	108260741	108260741	3.16	0.173
Residual Error	3	102754022	34251341		
Total	4	211014763			
Regression Analysis: Egr. Estatal versus Año					
The regression equation is: Egr. Estatal = 3726596 - 1796 Año					
Predictor	Coef	SE Coef	T	P	
Constant	3726596	5040950	0.74	0.513	
Año	-1796	2497	-0.72	0.524	
S = 7895 R-Sq = 14.7% R-Sq(adj) = 0.0%					
Analysis of Variance					
Source	DF	SS	MS	F	P
Regression	1	32256160	32256160	0.52	0.524
Residual Error	3	187013566	62337855		
Total	4	219269726			

Resumen.–De los resultados obtenidos para los 5 años (2017–2021) se concluye que existe en término promedio, una mayor cantidad de egreso que ingreso a los C.P. estatales, sin una diferencia estadísticamente significativa entre las medias.

Además, se puede apreciar que anualmente, hay más egreso versus ingreso (con excepción de los años 2019-2021), con una reducción paulatina (excepto los 3 años de 2019-2021) de la diferencia entre el egreso e ingreso y también del % de esta diferencia indexada en base al ingreso.

9.- PERSONAS PRIVADAS DE LIBERTAD EN CENTROS PENITENCIARIOS SEGÚN SEXO, 2017-2021.

Los datos de la cantidad de personas privadas de libertad en Centros Penitenciarios según sexo, 2017-2021, se indican en la Tabla 9.

Tabla 9.- "PPL" en Centros Penitenciarios según sexo, 2017-2021. (Elaboración propia desde INEGI cnspef_2018-2021).

Año	Hombre	Mujer	Total	%Hombre	%Mujer
2017	191614	10289	201903	94.9	5.1
2018	186162	10160	196322	94.8	5.2
2019	188429	10376	198805	94.8	5.2
2020	199430	11724	211154	94.4	5.6
2021	208000	12420	220420	94.4	5.6
*: PPL = Personas privadas de libertad					

Según los datos del tabal arriba, indicados en el Histograma 9, más de 94% de los datos totales se deben a los números de los hombres, y que las mujeres constituyen solamente, 5.5% aproximadamente.

Histograma 9.- Datos de la Tabla 9 demostrados aquí. (Elaboración propia).

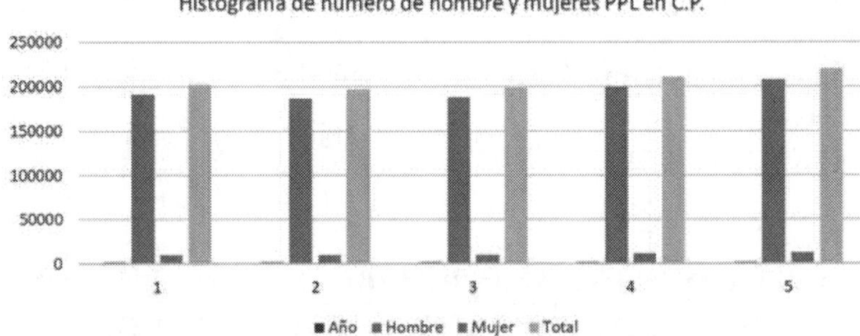

El análisis descriptivos de los datos (Tabla 9.1, valores de tamaño de la muestra, la media, la mediana, la desviación estándar, el error estándar, el mínimo, el máximo, el cuartil 1 y el cuartil 3) para personas privadas de libertad en Centros Penitenciarios según sexo, demuestra que hay más hombres privadas de libertad en Centros Penitenciarios (Media = 194,727) y con mayor variación (Desviación estándar = 8,958) comparado con el caso de las mujeres con media y desviación estándar igual a 10,994 y 1,017, respectivamente.

Tabla 9.1. Estadística descriptive de los datos para Personas privadas de libertad en Centros Penitenciarios según sexo, 2017-2021. (Salida de Minitab®).

Descriptive Statistics: Hombre						
Variable	N	Mean	Median	TrMean	StDev	SE Mesn
Hombre	5	194727	191614	194727	8958	4006
Variable	Minimum	Maximum	Q1	Q3		
Hombre	186162	208000	187296	203715		
Descriptive Statistics: Mujer						
Variable	N	Mean	Median	TrMean	StDev	SE Mesn
Mujer	5	10994	10376	10994	1017	455
Variable	Minimum	Maximum	Q1	Q3		
Mujer	10160	12420	10225	12072		

Cabe destacar que la distribución de los datos de los hombres privadas de libertad en Centros Penitenciarios según sexo, 2017-2021 es normal (Figura 9.1, Prueba de Normalidad de Komogorov-Smirnov, con D = 0.236 y un valor de probabilidad p mayor de 0.15), Además, en caso de las mujeres, también es normal (Figura 9.2, Prueba de Normalidad de Komogorov-Smirnov con un valor de D = 0.327 y un valor de probabilidad igual a 0.076).

Figura 9.1.- Gráfica de probabilidad normal para PPL en C.P., caso masculino. (Salida de Minitab®).

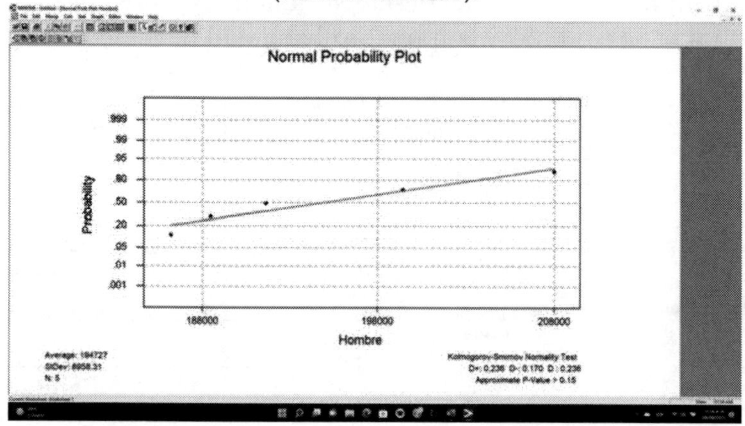

Figura 9.2.- Gráfica de probabilidad normal para PPL en C.P., caso femenino. (Salida de Minitab®).

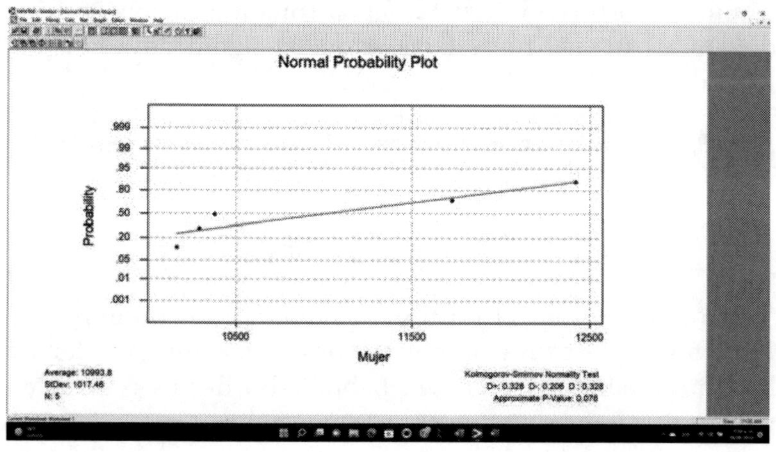

Para analizar la existencia de una diferencia estadísticamente significativa (alfa = 0.05) entre los promedios de número de hombres y mujeres privadas de libertad según el sexo, en Centros Penitenciarios, 2017-2021, se empleó el modelo de t Student para dos muestras. Resultado de este modelo (Tabla 9.2) indica una diferencia estadísticamente significativa con un valor de t = 45,57 y con una probabilidad de p = 0.000.

Tabla 9.2.- Comparación de número de hombres y mujeres privadas de libertad, según el sexo en centros penitenciarios, 2017-2021. (Salida de Minitab®).

Two- sample t-Test for Hombres y Mujeres				
	N	Mean	StDev	SE Mean
Hombre	5	107523	7263	3248
Mujer	5	100472	7404	3311
Difference = mu Hombre - mu Mujer				
Estimate for difference: 183733				
95% CI for difference: (172538, 194928)				
T-Test of difference = 0 (vs not =): T-Value = 45.57, P-Value = 0.000, DF = 7				

Además, para demostrar la probable asociación entre el número de hombres y mujeres privadas de libertad en Centros Penitenciarios, se utilizó el moldeo de correlación de Pearson (Tabla 9.3) cuyo resultado indica un valor de coeficiente de correlación igual a 0.976 (una asociación positiva de 97.6%) lo cual fue estadísticamente significativa con un valor de probabilidad igual a 0.004.

Tabla 9.3.- Correlación entre el número de hombres y mujeres privadas de libertad en centros penitenciarios. (Salida de Minitab®).

Pearson correlation of Ing. Estatal and Egr Estatal = 0.235
P-Value = 0.004

Para determinar el nivel del cambio de los números de PPL en C.P. se realizaron regresiones de los números versus los años (Tabla 9.4). Las probabilidades de los residuales para cada género demuestran la normalidad en cada caso (Figuras 9.3 y 9.4).

Figura 9.3.- Gráfica de probabilidad normal de los residuales para PPL en C.P., caso de hombres. (Salida de Minitab®).

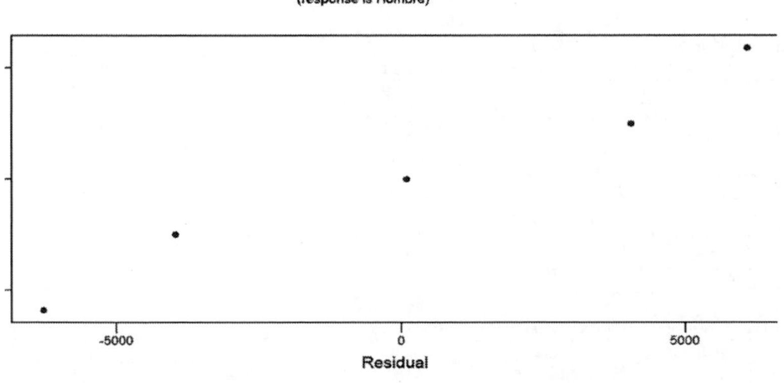

Figura 9.4.- Gráfica de probabilidad normal de los residuales para PPL en C.P., caso de mujeres. (Salida de Minitab®).

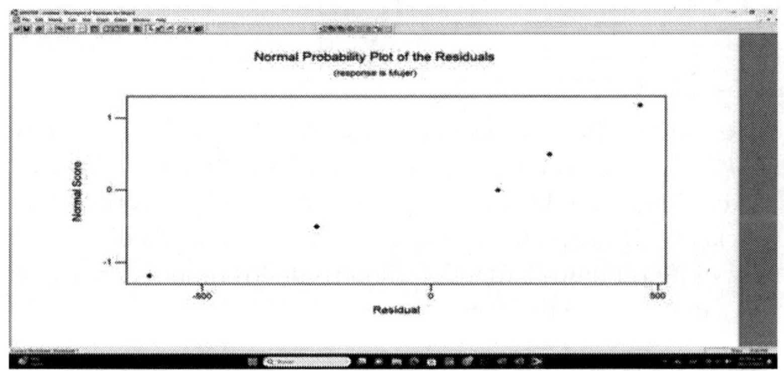

Los resultados de la Tabla 9,4 indican que anualmente, en el primer lugar, en C.P., los números de ambos géneros se incrementa, y en el segundo lugar, este incremento es casi 8 veces para los hombres que las mujeres (4,604 hombres versus 582.5 mujeres).

Tabla 9.4.- Análisis de regresión de los números de hombre y mujeres PL en C.P., 2017-2021. (Salida de Minitab®).

Regression Analysis: Hombres versus Año					
The regression equation is: Hombre = - 9100749 + 4604 Año					
Predictor	Coef	SE Coef	T	P	
Constant	-9100749	3849138	-2.36	0.099	
Año	4604	1906	2.41	0.095	
S = 6029 R-Sq = 66.0% R-Sq(adj) = 54.7%					
Analysis of Variance					
Source	DF	SS	MS	F	P
Regression	1	211968160	211968160	5.83	0.095
Residual Error	3	109037376	36345792		
Total	4	321005536			
Regression Analysis: Mujer versus Año					
The regression equation is: Mujer = - 1165276 + 583 Año					
Predictor	Coef	SE Coef	T	P	
Constant	-1165276	318519	-3.66	0.035	
Año	582.6	157.8	3.69	0.034	
S = 498.9 R-Sq = 82.0% R-Sq(adj) = 76.0%					
Analysis of Variance					
Source	DF	SS	MS	F	P
Regression	1	3394228	3394228	13.64	0.034
Residual Error	3	746653	62337855		
Total	4	4140881			

Resumen.–De los resultados obtenidos para los 5 años (2017–2021) se concluye que existe en término promedio, casi 19 veces más hombres que mujeres en los C.P., con una diferencia estadísticamente significativa entre sus promedios. Además, el incremento anual del número de los hombres es casi 8 veces del número de las mujeres.

10.- % DE HOMBRES Y MUJERES EN FUNCIÓN DEL RANGO DE EDADES, EN CENTROS PENITENCIARIOS (C.P.), 2020-2021.

Los datos de % de hombres y mujeres en Centros Penitenciarios (C.P), según diferentes rangos de edad, 2020-2021 se indican en la Tabla 10.

Tabla 10. % de hombres y mujeres de acuerdo de los rangos de edades, en Centros Penitenciarios (C.P), 2020-2021. (Elaboración propia desde INEGI cnspef_2018-2021).

Rango de Edad	Hombre-21	Mujer-21	Hombre-20	Mujer-20
≥60	3.2	2.4	0.6	0.9
55.59	3.5	3.4	11.0	2.2
50.54	5.7	5.0	20.7	12.0
45.49	8.9	9.5	18.7	20.6
40.44	12.4	12.6	16.0	20.7
35.39	15.9	16.1	12.1	16.1
30.34	18.5	18.6	8.8	11.6
25.29	19.1	18.0	5.4	8.6
18.24	12.4	14.1	3.2	4.7
≤18	0.3	0.4	3.2	2.6

El análisis descriptivo de los datos (Tabla10.1, valores de tamaño de la muestra, la media, la mediana, la desviación estándar, el error estándar, el mínimo, el máximo, el cuartil 1 y el cuartil 3) para % de hombres y mujeres en Centros Penitenciarios (C.P.) de acuerdo con las diferentes edades, 2020-2021, demuestra que existe mucha similitud entre los valores de las medias y las desviaciones estándares entre los hombres y las mujeres de diferentes edades en Centros Penitenciarios, 2020, 2021. Esta similitud también se puede constatar por medio de los Histogramas 10A y 10B, con excepciones para los rangos de edades de 18-24 y 25-29 para el año 2020 en los Histograma 10A y 10B.

Tabla 10.1. Estadística descriptive para % de hombres y mujeres en Centros Penitenciarios, 2020-2021. (Salida de Minitab®).

Descriptive Statistics: Hombres 2021						
Variable	N	Mean	Median	TrMean	StDev	SE Mesn
Hombre	10	9.99	10.65	10.06	6.70	2.12
Variable	Minimum	Maximum	Q1	Q3		
Hombre	0.30	19.10	3.43	16.55		
Descriptive Statistics: Mujeres 2021						
Variable	N	Mean	Median	TrMean	StDev	SE Mesn
Mujer	10	10.01	11.05	10.14	6.81	2.15
Variable	Minimum	Maximum	Q1	Q3		
Mujer	0.40	18.60	3.15	16.58		
Descriptive Statistics: Hombres 2020						
Variable	N	Mean	Median	TrMean	StDev	SE Mesn
Hombre	10	9.97	9.90	9.80	6.95	2.20
Variable	Minimum	Maximum	Q1	Q3		
Hombre	0.60	20.70	3.20	16.68		
Descriptive Statistics: Mujeres 2020						
Variable	N	Mean	Median	TrMean	StDev	SE Mesn
Mujer	10	10.00	10.10	9.80	7.45	2.35
Variable	Minimum	Maximum	Q1	Q3		
Mujer	0.90	20.70	2.50	17.23		

Como se puede observar de las Histogramas 10A y 10B, para ambos géneros y ambos años, los rangos de edades de 25-29, 30-34, y 35-39 constituyen los porcentajes mayores de PPL.

Histograma 10A. Histogramas para la población de hombres y mujeres de diferentes edades en C.P., 2021. (Elaboración propia).

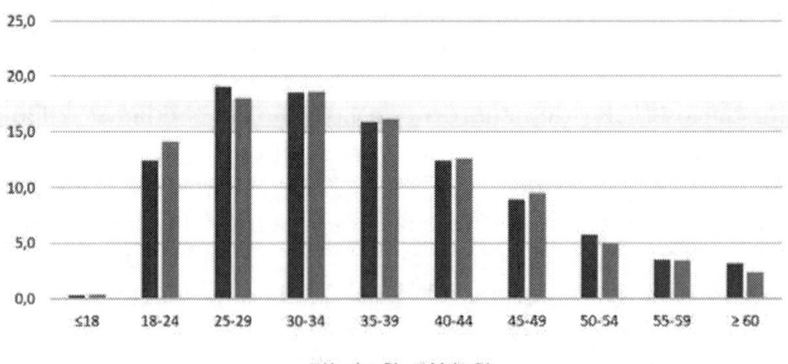

Histograma 10B. Histogramas para la población de hombres y mujeres de diferentes edades en C.P., 2020. (Elaboración propia).

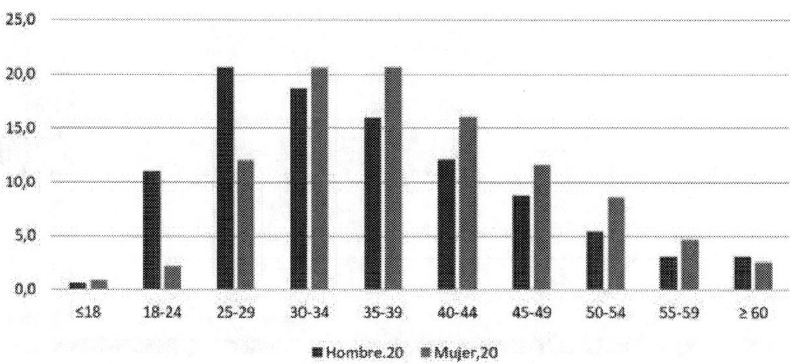

Cabe destacar que la distribución de los datos del % de hombres y mujeres de diferentes edades en Centros Penitenciarios (C.P.), 2020-2021 son normales para todos los casos (Figura 10.1 a 10.4) según el valor de probabilidad de >0.15 de la Prueba de Normalidad de Komogorov-Smirnov. Los valores de D de la Prueba de Kolmogorov-Smirnov se encuentran en las mismas figuras arriba señaladas.

Figura 10.1.- Gráfica de probabilidad normal para la población de hombres en C.P. 2021. (Salida de Minitab®).

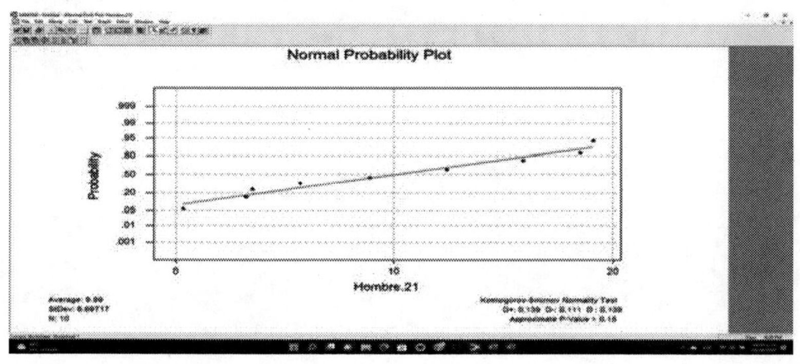

Figura 10.2.- Gráfica de probabilidad normal para la población de mujeres en C.P. 2021. (Salida de Minitab®).

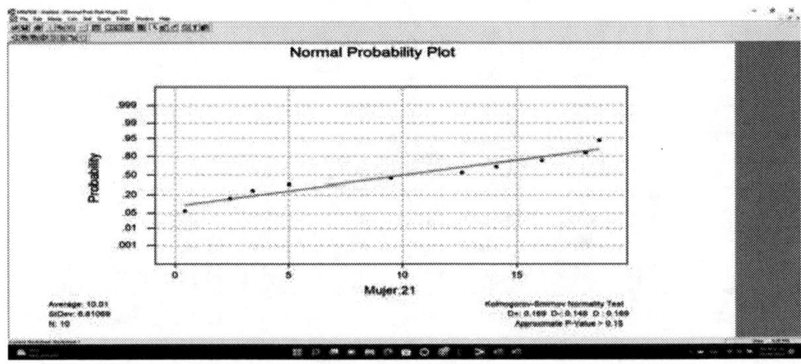

Figura 10.3.- Gráfica de probabilidad normal para la población de hombres en C.P. 2020. (Salida de Minitab®).

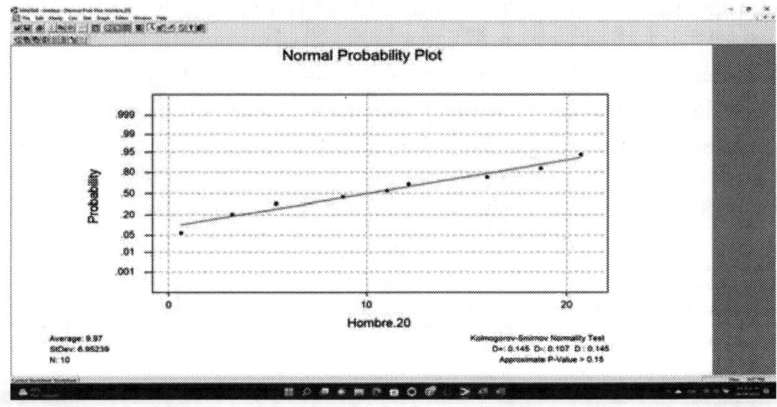

Figura 10.4.- Gráfica de probabilidad normal para la población de mujeres en C.P. 2020. (Salida de Minitab®).

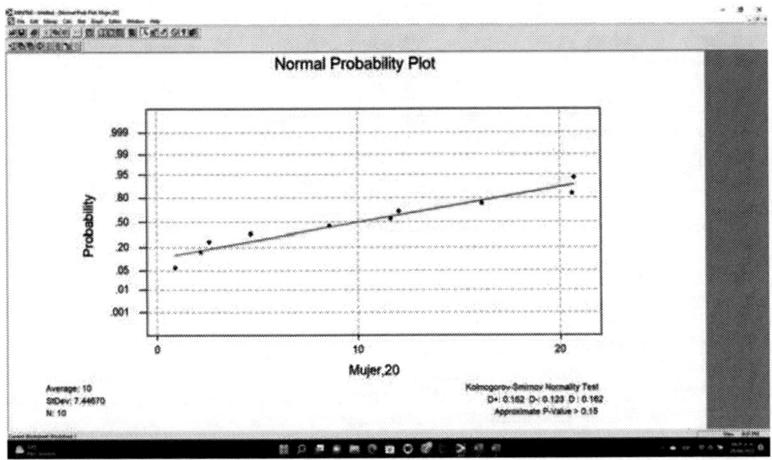

Para analizar la existencia de una diferencia estadísticamente significativa (alfa = 0.05) entre los promedios de los % de hombres y mujeres de diferentes edades en Centros Penitenciarios (C.P.), 2020-2021, se empleó el modelo de t Student para dos muestras. Resultado de este modelo (Tabla 10.2) indica no diferencia estadísticamente significativa con un valor de t = -0.01 y con una probabilidad de p = 0.995 para caso de 2021 y un valor de t = -0.01 y con una probabilidad de p = 0.993 para caso de 2020.

Tabla 10.2. Comparación de medias entre % de hombres y mujeres en C.P., 2020-2021. (Salida de Minitab®).

Two- sample t-Test for Hombres 2021 vs Mujeres 2021				
	N	Mean	StDev	SE Mean
Hombre	10	9.90	6.70	2.1
Mujer	10	10.01	6.81	2.2
Difference = mu Hombre 2021 - mu Mujer 2021				
Estimate for difference: -0.02				
95% CI for difference: (-6.39, 6.35)				
T-Test of difference = 0 (vs not =): T-Value = -0.01, P-Value = 0.995, DF = 17				
Two- sample t-Test for Hombres 2020 vs Mujeres 2020				
	N	Mean	StDev	SE Mean
Hombre	10	9.97	6.95	2.2
Mujer	10	10.00	7.45	2.4
Difference = mu Hombre 2021 - mu Mujer 2021				
Estimate for difference: -0.03				
95% CI for difference: (-6.83, 6.77)				
T-Test of difference = 0 (vs not =): T-Value = -0.01, P-Value = 0.993, DF = 17				

Además, para demostrar la probable asociación entre el % de hombres y mujeres de diferentes edades en Centros Penitenciarios (C.P.), 2020-2021, se utilizó el moldeo de correlación de Pearson (Tabla 10.3) cuyo resultado para 2021 indica un valor de coeficiente de correlación igual a 0.993 (una asociación positiva de 99.3%) lo cual fue estadísticamente significativa con un valor de probabilidad igual a 0.000, y para el 2020 un valor de coeficiente de correlación igual a 0.771 (una asociación positiva de 77.1%) lo cual también fue estadísticamente significativa con un valor de probabilidad igual a 0.009.

Tabla 10.3.- Correlación entre el % de hombres y mujeres en Centros Penitenciarios (C.P), 2021. (Salida de Minitab®).

Pearson correlation of Ing. Hombres 2021 and Mujeres 2021 = 0.993
P-Value = 0.000
Pearson correlation of Ing. Hombres 2020 and Mujeres 2020 = 0.771
P-Value = 0.009

Resumen.–De los resultados obtenidos para los 2 años (2020–2021) se concluye que existe en término promedio, similar % de hombres y mujeres en término de los rangos de las edades en los C.P. para cada año, sin una diferencia estadísticamente significativa entre estas medias anuales. Además, se encontró una correlación estadísticamente significativa entre la cantidad masculina y femenina en función del rengo de edad tanto para 2020 como para 2021. Los rangos de edades (25-29, 30-34 y 35-39) constituyeron los porcentajes mayores entre todos los rengos de edades.

11.- % DE PERSONAS PRIVADAS DE LIBERTAD EN C.P. SEGÚN ESCOLARIDAD Y SEXO, 2021.

Los datos de % de hombres y mujeres en Centros Penitenciarios (C.P) según el nivel de escolaridad, 2021 se indican en la Tabla 11.

Tabla 11.- % de PPL en C.P. según escolaridad y sexo, 2021. * (Elaboración propia desde INEGI cnspef_2018-2021).

Descriptive Statistics: Hombres						
Variable	N	Mean	Median	TrMean	StDev	SE Mesn
Hombre	8	12.44	4.40	12.44	15.21	5.38
Variable	Minimum	Maximum	Q1	Q3		
Hombre	0.02	39.90	0.95	27.10		
Descriptive Statistics: Mujeres						
Variable	N	Mean	Median	TrMean	StDev	SE Mesn
Mujer	8	12.45	5.50	12.45	14.28	5.05
Variable	Minimum	Maximum	Q1	Q3		
Mujer	0.03	39.60	1.10	23.55		

El Histograma 11 demuestra los datos de la Tabla 11 de forma gráfica. Según este Histograma, la mayoría abrumadora de las PPL en C.P. tienen niveles de escolaridad 2 (preescolar/primaria), 3 (secundaria), y 4 (preparatoria). Además, los niveles de escolaridad tienen una distribución igualitaria para los dos géneros.

Histograma 11.- Distribución de los datos de PPL según nivel escolar.

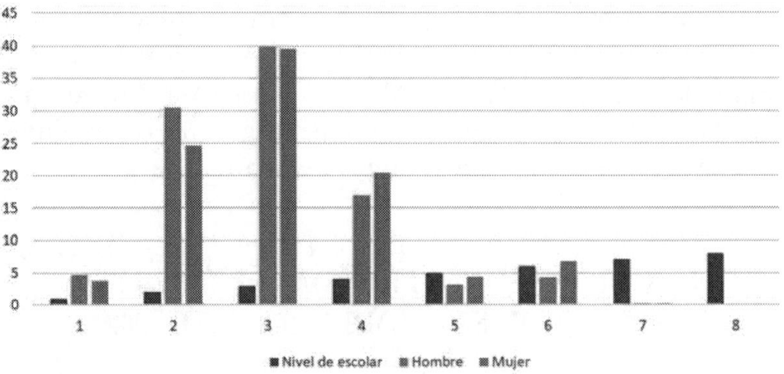

(Elaboración propia).

El análisis descriptivo de los datos (Tabla 11.1, valores de tamaño de la muestra, la media, la mediana, la desviación estándar, el error estándar, el mínimo, el máximo, el cuartil 1 y el cuartil 3) para % de PPL en C.P. según escolaridad y sexo, 2021, demuestra que existe mucha similitud en término del nivel escolar, entre los valores de las medias y las desviaciones estándares entre los hombres y las mujeres en Centros Penitenciarios, 2021. Esta similitud se puede también constatar por medio del histograma 11.

Tabla 11.1.- Estadística descriptiva para % de PPL en C.P. según escolaridad, 2021. (Salida de Minitab®).

Descriptive Statistics: Hombres						
Variable	N	Mean	Median	TrMean	StDev	SE Mesn
Hombre	8	12.44	4.40	12.44	15.21	5.38
Variable	Minimum	Maximum	Q1	Q3		
Hombre	0.02	39.90	0.95	27.10		
Descriptive Statistics: Mujeres						
Variable	N	Mean	Median	TrMean	StDev	SE Mesn
Mujer	8	12.45	5.50	12.45	14.28	5.05
Variable	Minimum	Maximum	Q1	Q3		
Mujer	0.03	39.60	1.10	23.55		

Cabe destacar que la distribución de los datos las del % de PPL en C.P. según escolaridad y sexo, 2021 no es normal para los datos de mujeres (Figura 11.1) según el valor de probabilidad de 0.022 de la Prueba de Normalidad de Komogorov-Smirnov y D = 0.282. Sin embargo, la distribución de los datos de los hombres (Figura 11.2) es normal según el valor de probabilidad de 0.061 de la Prueba de Normalidad de Komogorov-Smirnov y D = 0.322.

Figura 11.1.- Gráfica de probabilidad normal para la población de hombres en C.P. según escolaridad, 2021. (Salida de Minitab®).

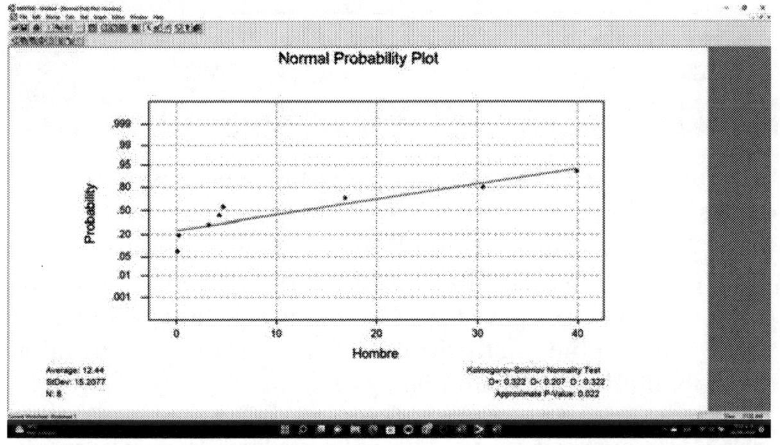

Figura 11.2.- Gráfica de probabilidad normal para la población de mujeres en C.P. según escolaridad, 2021. (Salida de Minitab®).

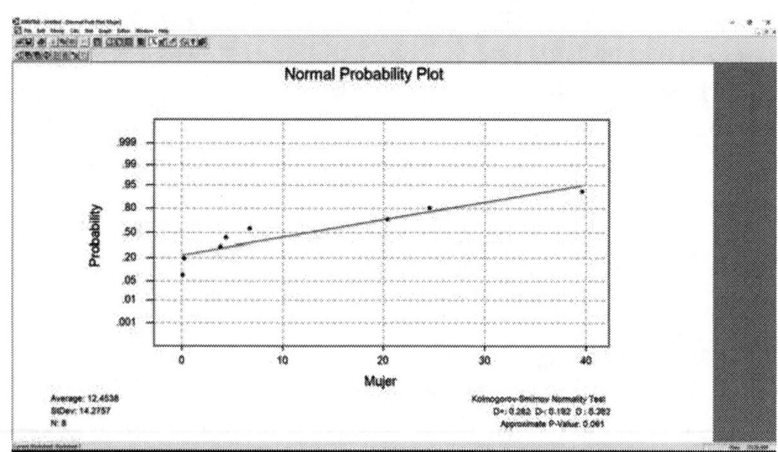

Además, para demostrar la probable asociación entre % de los hombres y las mujeres en C.P. según escolaridad y sexo, 2021, se utilizó el moldeo de correlación de Pearson (Tabla 11.2) cuyo resultado indica un valor de coeficiente de correlación igual a 0.984 (una asociación positiva de 98.4%) lo cual fue estadísticamente significativa con un valor de probabilidad igual a 0.000.

Tabla 11.2.- Correlación entre el % % de los hombres y las mujeres en C.P. según escolaridad, 2021. (Salida de Minitab®).

Pearson correlation of Hombres 2021 and Mujeres 2021 = 0.984
P-Value = 0.000

Para determinar si hay diferencia estadísticamente significativa entre los promedios escolares entre hombre y mujeres se utilizó la prueba de t Student a nivel de alfa igual a 5%, para dos muestras (Tabla 11.3), con resultado indicando que efectivamente no existe esta diferencia con un valor de t=-0.00 y p = 0.999.

Tabla 11.3.- Prueba de t Student de separación de las medias, 2021. (Salida de Minitab®).

Two- sample t-Test for Hombres 2021 vs Mujeres 2021				
	N	Mean	StDev	SE Mean
Hombre	8	12.4	15.2	5.4
Mujer	8	12.5	14.3	5.0
Difference = mu Hombre 2021 - mu Mujer 2021				
Estimate for difference: -0.01				
95% CI for difference: (-15.95, 15.92)				
T-Test of difference = 0 (vs not =): T-Value = -0.00, P-Value = 0.999, DF = 13				

Resumen.–En término de % de Personas Privadas de Libertad en C.P. según escolaridad y sexo, 2021, existe en término promedio, alta similitud entre hombres y mujeres en cada nivel de escolaridad en los C.P., sin una diferencia estadísticamente significativa entre estas medias y con una asociación positiva significativa entre las mujeres y los hombres, en término de los niveles de escolaridad.

12.- % DE PERSONAS PRIVADAS DE LIBERTAD (PPL) EN C.P- SEGÚN DISCAPACIDAD, 202 Y 2021.

Los datos de % de Personas Privadas de Libertad en C.P- según discapacidad, 202 y 2021 se indican en la Tabla 12.

Tabla 12.- % de PPL en C.P- según discapacidad, 2020 y 2021. (Elaboración propia desde INEGI cnspef_2018-2021).

Tipo de Discapacidad	2021	2020
Dificultad para ver	39.9	35.1
Dificultad para caminar	21.3	25.0
Dificultad para actividad diaries	13.4	16.4
Dificultad para oir	4.2	4.5
Dificultad para locomoción	3.2	2.0
Dificultad para bañar, comer, vestir	3.0	1.8
Dificultad para hablar/comunicar	2.6	1.5
Dificultad para aprender/recordar/concentrar	2.1	0.7
Otro tipo	14.2	12.8

El análisis descriptivo de los datos (Tabla 12.1, valores de tamaño de la muestra, la media, la mediana, la desviación estándar, el error estándar, el mínimo, el máximo, el cuartil 1 y el cuartil 3) para % de PPL en C.P. según discapacidad, 2020-2021, demuestra que existe, en término de diferentes discapacidades, mucha similitud entre los valores de las medias y las desviaciones estándares entre los años 2020 y 2021. Esta similitud se puede también constatar por medio del Histograma 12. Además, los niveles mayores de personas con discapacidad ocurren en casos siguientes: dificultad para ver, dificultad para caminar, dificultad para actividad diaria y otro tipo de dificultad distinto de los demás mencionado en la Tabla 12.

Tabla 12.1. Estadística descriptiva para % de PPL en C.P. según discapacidad, 2020 y 2021. (Salida de Minitab®).

Descriptive Statistics: 2021						
Variable	N	Mean	Median	TrMean	StDev	SE Mesn
Hombre	9	11.54	4.20	11.54	12.63	4.21
Variable	Minimum	Maximum	Q1	Q3		
Hombre	2.10	39.90	2.80	17.75		
Descriptive Statistics: 2020						
Variable	N	Mean	Median	TrMean	StDev	SE Mesn
Mujer	9	11.09	4.50	11.09	12.32	4.11
Variable	Minimum	Maximum	Q1	Q3		
Mujer	0.70	35.10	1.65	20.70		

Histograma 12.- Histograma para % de PPL en C.P. según discapacidad, 2020 (rojo)–2021 (azul). (Elaboración propia).

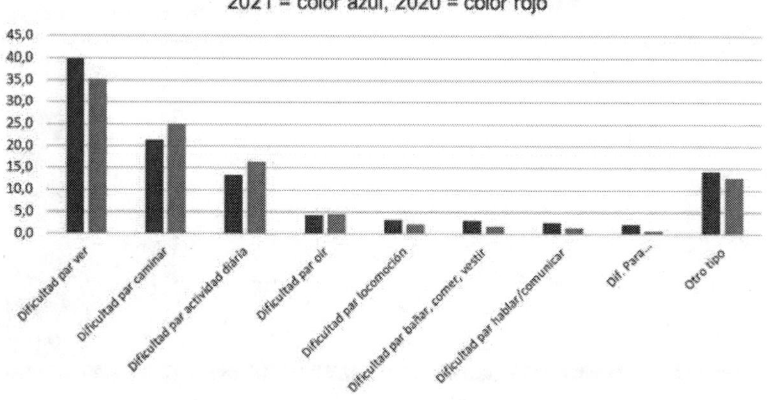

Cabe destacar que la distribución de los datos del % de PPL en C.P. según discapacidad, 2020-2021 es normal para datos de 2020 (Figura 12.1) según el valor de probabilidad de 0.081 de la Prueba de Normalidad de Komogorov-Smirnov y D = 0.259. Sin embargo, la distribución de los datos de 2021 (Figura 12.2) no es normal según el valor de probabilidad de 0.049 de la Prueba de Normalidad de Komogorov-Smirnov y D = 0.275.

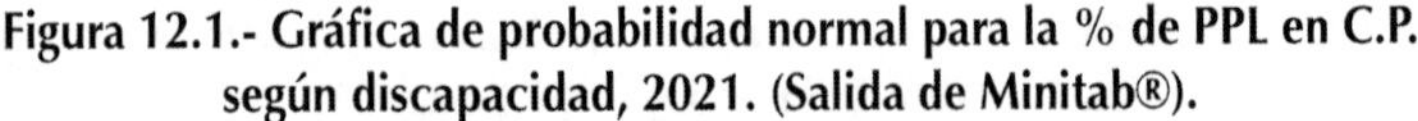

Figura 12.1.- Gráfica de probabilidad normal para la % de PPL en C.P. según discapacidad, 2021. (Salida de Minitab®).

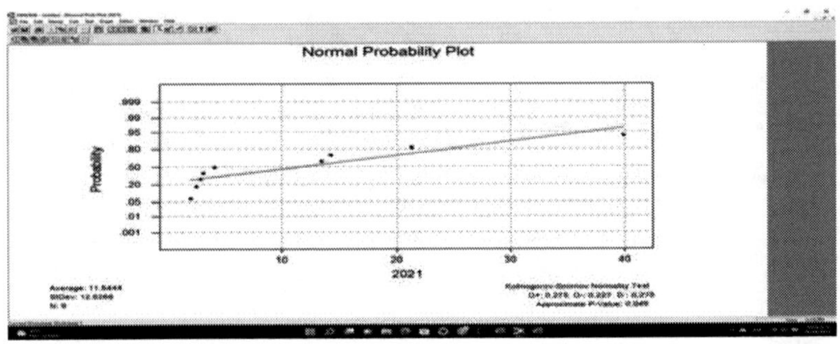

Figura 12.2.- Gráfica de probabilidad normal para la % de PPL en C.P. según discapacidad, 2020. (Salida de Minitab®).

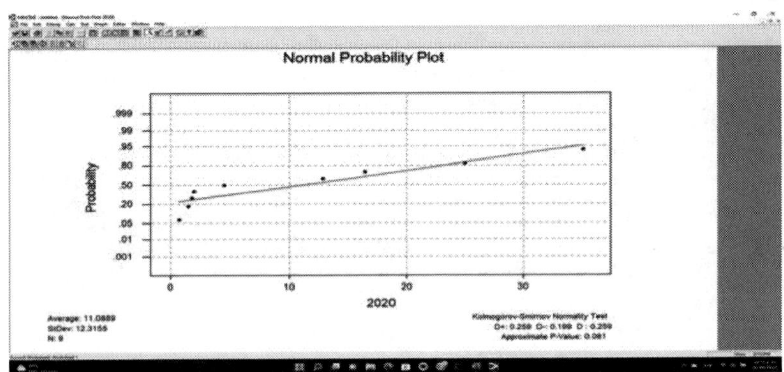

Para analizar la existencia de una diferencia estadísticamente significativa (alfa = 0.05) entre los promedios de los % de PPL en C.P. según escolaridad, 2020 versus 2021, se empleó el modelo de t Student para dos muestras. Resultado de este modelo (Tabla 12.2) indica no diferencia estadísticamente significativa con un valor de t = 0.08 y con una probabilidad de p = 0.939.

Tabla 12.2.- Comparación de las medias de % de PPL en C.P. según discapacidad, 2020 vs 2021. (Salida de Minitab®).

Two- sample t-Test for 2021 vs 2020				
	N	Mean	StDev	SE Mean
Hombre	9	11.5	12.6	4.2
Mujer	9	11.1	12.3	4.1
Difference = mu Hombre 2021 - mu Mujer 2021				
Estimate for difference: 0.46				
95% CI for difference: (-12.08, 12.99)				
T-Test of difference = 0 (vs not =): T-Value = -0.08, P-Value = 0.939, DF = 15				

Además, para demostrar la probable asociación entre el % de PPL en C.P. según discapacidad, 2020-2021, se utilizó el moldeo de correlación de Pearson (Tabla 12.3) cuyo resultado indica un valor de coeficiente de correlación igual a 0.979 (una asociación positiva de 97.9%) lo cual fue estadísticamente significativa con un valor de probabilidad igual a 0.000.

Tabla 12.3.- Correlación entre el % de PPL en C.P. según discapacidad, 2020 vs 2021. (Salida de Minitab®).

Pearson correlation of 2021 and 2020 = 0.979
P-Value = 0.000

Resumen.–De los resultados obtenidos para los 2 años (2020–2021) se concluye que existe una alta similitud entre los años 2020 y 2021 en los C.P. en término de discapacidad, sin una diferencia estadísticamente significativa entre las medias y con una asociación significativa entre los dos años de 2020 y 2021. Además, los niveles mayores de personas con discapacidad ocurren en casos siguientes: dificultad para ver, dificultad para caminar, dificultad para actividad diaria y otro tipo de dificultad distinto de los demás mencionado en esta sección.

13.- % DE MENORES DE 6 AÑOS CON MADRES DE PPL EN C.P. SEGÚN EDAD Y SEXO, 2020-2021.

Los datos de % de menores de 6 años con madres de PPL en C.P. según edad y sexo, 2020-2021, se indican en la Tabla 13.

Tabla 13.- % de menores de 6 años con madres de PPL en C.P. según edad y sexo, 2020-2021. (Elaboración propia desde INEGI cnspef_2018-2021).

Rango de edad	2021	2020		
	Hombre.21	Mujer.21	Hombre.20	Mujer.20
<1 año	25.3	30.3	39.9	46.9
1 año	35.3	37.7	27.8	25.2
2 años	17.9	24.5	20.7	15.5
3 años	9.0	4.3	7.6	6.7
4 años	0.6	2.7	2.0	3.6
5 años	1.9	0.5	2.0	2.1

El análisis descriptivo de los datos (Tabla 13.1, demuestra los valores de tamaño de la muestra, la media, la mediana, la desviación estándar, el error estándar, el mínimo, el máximo, el cuartil 1 y el cuartil 3) para los % de menores de 6 años con madres de PPL en C.P. Según edad y sexo, 2020-2021. Según estos resultados existe mucha similitud entre los valores de las medias y las desviaciones estándares (Tabla 13.1) entre los % de menores de 6 años con madrees de PPL en C.P. según edad y sexo, tanto para el año 2021 como para el año 2020. Esta similitud relativa en término de las frecuencias se puede también constatar por medio de los Histogramas 13A y 13B. Se destaca que más de 80% de los % ocurren para los rangos de edades de "menor de 1 año", "1 año" y "2 años", tanto para cada género como para cada año.

Histograma 13A.- Histograma para los % de menores de 6 años con madres de PPL en C.P. masculino vs femenino, 2021. (Elaboración propia).

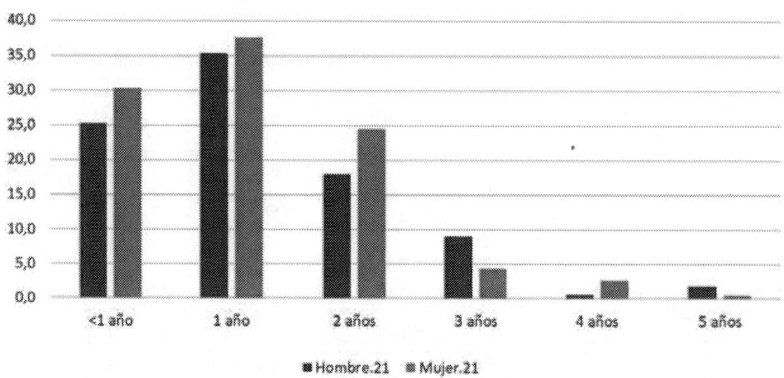

Histograma 13B.- Histograma para los % de menores de 6 años con madres de PPL en C.P. masculino vs femenino, 2020. (Elaboración propia).

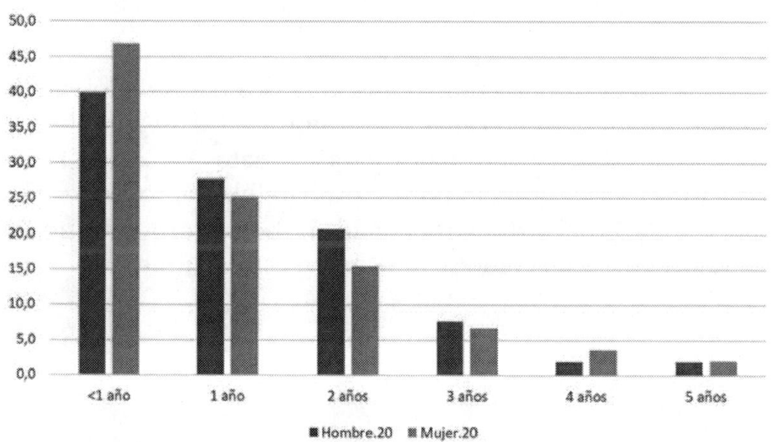

Tabla 13.1.- Estadística descriptiva para % de menores de 6 años con madres de PPL en C.P. Según edad y sexo, 2020-2021. (Salida de Minitab®).

Descriptive Statistics: Hombres 2021						
Variable	N	Mean	Median	TrMean	StDev	SE Mesn
Hombre	6	15.00	13.45	15.00	13.72	5.60
Variable	Minimum	Maximum	Q1	Q3		
Hombre	0.60	35.30	1.57	27.80		
Descriptive Statistics: Mujeres 2021						
Variable	N	Mean	Median	TrMean	StDev	SE Mesn
Mujer	6	16.67	14.40	16.67	16.12	6.58
Variable	Minimum	Maximum	Q1	Q3		
Mujer	0.50	37.70	2.15	32.15		
Descriptive Statistics: Hombres 2020						
Variable	N	Mean	Median	TrMean	StDev	SE Mesn
Hombre	6	16.67	14.15	16.67	15.44	6.30
Variable	Minimum	Maximum	Q1	Q3		
Hombre	2.00	39.90	2.00	30.83		
Descriptive Statistics: Mujeres 2020						
Variable	N	Mean	Median	TrMean	StDev	SE Mesn
Mujer	6	16.67	11.10	16.67	17.15	7.00
Variable	Minimum	Maximum	Q1	Q3		
Mujer	2.10	46.90	3.23	30.63		

Cabe destacar que la distribución de los datos de los % de menores de 6 años con madres de PPL en C.P. según edad y sexo, 2020-2021 son normales para los datos de 2020 (Figuras 13-1 – 13.4) según el valor de probabilidad aproximado de >0.15 de la Prueba de Normalidad de Komogorov-Smirnov y los valores de D tal como se indican en estas figuras.

Figura 13.1.- Gráfica de probabilidad normal para los % de menores de 6 años con madres de PPL en C.P. caso masculino, 2021. (Salida de Minitab®).

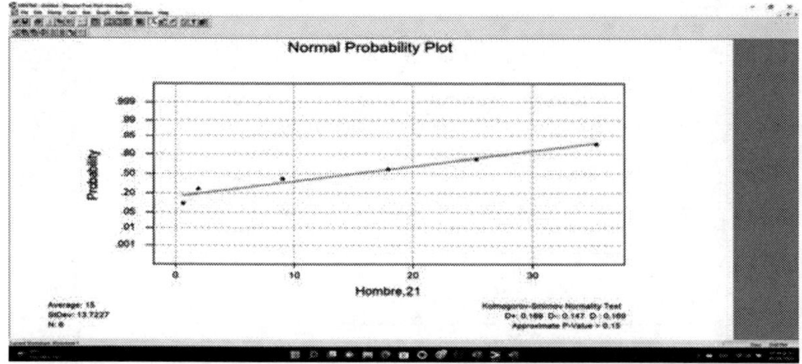

Figura 13.2.- Gráfica de probabilidad normal para los % de menores de 6 años con madres de PPL en C.P. caso femenino, 2021. (Salida de Minitab®).

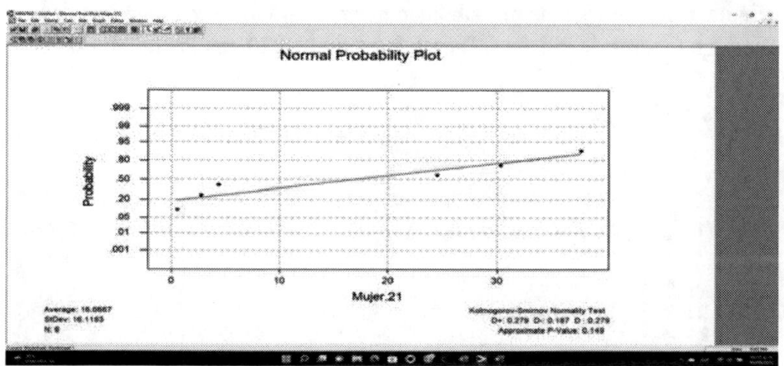

Figura 13.3.- Gráfica de probabilidad normal para los % de menores de 6 años con madres de PPL en C.P. caso masculino, 2020. (Salida de Minitab®).

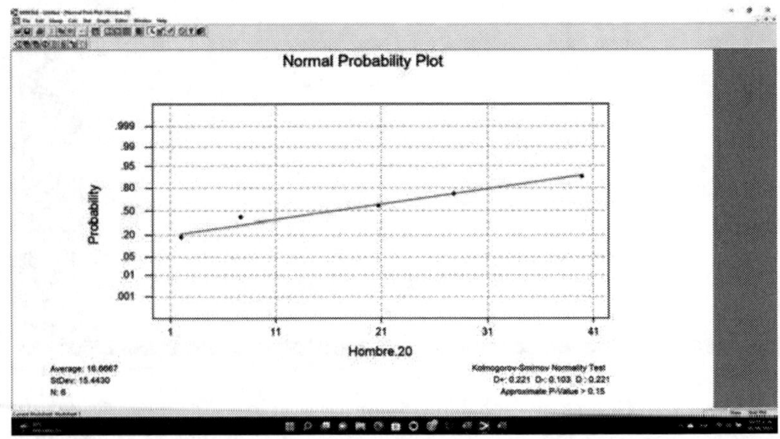

Figura 13.4.- Gráfica de probabilidad normal para los % de menores de 6 años con madres de PPL en C.P. caso femenino, 2020. (Salida de Minitab®).

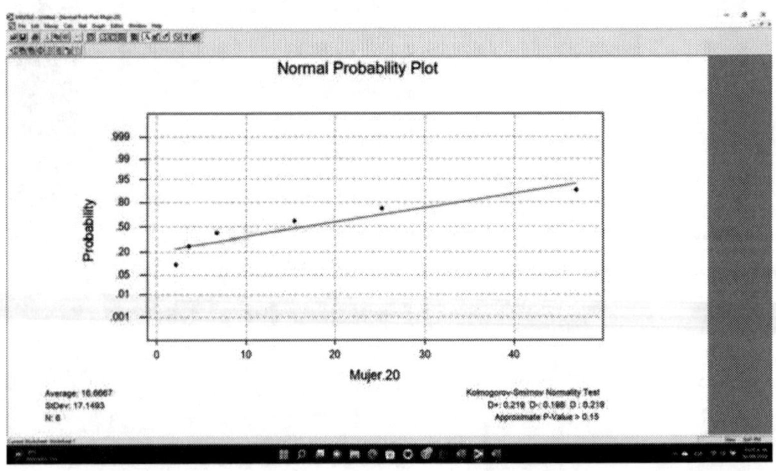

Para analizar la existencia de una diferencia estadísticamente significativa (alfa = 0.05) entre los promedios de los

% de menores de 6 años con madres de PPL en C.P., se empleó el modelo de t Student para dos muestras. Resultado de este modelo (Tabla 13.2) indica no diferencia estadísticamente significativa con valores probabilidad superior a 0.05 para todas las 4 comparaciones entre diferentes sexos en el mismo año y también entre mismo sexo en diferentes años (Tabla 13.2).

Tabla 13.2.- Comparación de medias entre diferentes sexos por cada año y entre miso sexo en diferentes años. (Salida de Minitab®).

Two- sample t-Test for Hombre 2021 vs Mujer 2021				
	N	Mean	StDev	SE Mean
Hombre 21	6	15.0	13.7	5.6
Mujer 21	6	16.7	16.1	6.6
Difference = mu Hombre 2021 - mu Mujer 2021				
Estimate for difference: -1.67				
95% CI for difference: (-21.22, 17.88)				
T-Test of difference = 0 (vs not =): T-Value = -0.19, P-Value = 0.851, DF = 9				
Two- sample t-Test for Hombre 2020 vs Mujer 2020				
	N	Mean	StDev	SE Mean
Hombre 20	6	16.7	15.4	6.3
Mujer 20	6	16.7	17.1	7.0
Difference = mu Hombre 2020 - mu Mujer 2020				
Estimate for difference: 0.00				
95% CI for difference: (-21.31, 21.31)				
T-Test of difference = 0 (vs not =): T-Value = 0.00, P-Value = 1.000, DF = 9				
Two- sample t-Test for Hombre 2021 vs Hombres 2020				
	N	Mean	StDev	SE Mean
Hombre 21	6	15.0	16.1	5.6
Hombre 20	6	16.7	15.4	6.3
Difference = mu Hombre 2021 - mu Hombre 2020				
Estimate for difference: -1.67				
95% CI for difference: (-20.75, 17.41)				
T-Test of difference = 0 (vs not =): T-Value = -0.20, P-Value = 0.848, DF = 9				
Two- sample t-Test for Mujer 2021 vs Mujeres 2020				
	N	Mean	StDev	SE Mean
Mujer 21	6	16.7	16.1	6.6
Mujer 20	6	16.7	17.1	7.0
Difference = mu Hombre 2021 - mu Mujer 2020				
Estimate for difference: 0.00				
95% CI for difference: (-21.74, 21.74)				
T-Test of difference = 0 (vs not =): T-Value = 0.00, P-Value = 1.000, DF = 9				

Para demostrar la probable asociación entre los % de menores de 6 años con madres de PPL en C.P. según sexo del menor, 2020-2021, se utilizó el moldeo de correlación de Pearson (Tabla 13.3) cuyo resultado indica correlaciones estadísticamente significativas (p menor de 0.05) para las 4 situaciones. Además, el grado de asociación fue superior a 97% y positivo entre diferentes sexos en el mismo año y superior a 81% y positivo entre el mismo sexo en diferentes años.

Tabla 13.3. Correlación entre los % de menores de 6 años con madres de PPL en C.P. según sexo del menor, 2020-2021. (Salida de Minitab®).

Pearson correlation of Hombres 2021 and Mujeres 2021 = 0.974
P-Value = 0.001
Pearson correlation of Hombres 2020 and Mujeres 2020 = 0.973
P-Value = 0.001
Pearson correlation of Hombres 2021 and Hombres 2020 = 0.882
P-Value = 0.020
Pearson correlation of Mujeres 2021 and Mujeres 2020 = 0.813
P-Value = 0.049

Resumen.–De los resultados obtenidos para los 2 años (2020–2021) se concluye que existe una alta similitud entre los años 2020 y 2021 en los C.P. en término los % de menores de 6 años con madres de PPL en C.P. según sexo del menor, sin una diferencia estadísticamente significativa entre las medias (diferentes sexos en el mismo año y también mismo sexo en diferentes años) y con una asociación significativa positiva tanto entre diferentes sexos en el mismo año como entre mismo sexo en diferentes años. Se destaca que más de 80% de los % ocurren para los rangos de edades de "menor de 1 año", "1 año" y "2 años", tanto para cada género como para cada año.

14.- QUEJAS PRESENTADAS EN C.P. (FEDERALES Y ESTATALES), 2017-2021.

Los datos de las Quejas presentadas en C.P. (Federales y Estatales), 2017-2021 se indican en la Tabla 14.

Tabla 14.- Quejas presentadas en C.P. (Federales y Estatales), 2017-2021. (Elaboración propia desde INEGI cnspef_2018-2021).

Año	Número de quejas en C.P. Federales y Estatales	%
2017	4364	11.5
2018	5297	13.9
2019	16566	43.6
2020	5890	15.5
2021	5868	15.4

El análisis descriptivo de los datos (Tabla 14.1, valores de tamaño de la muestra, la media, la mediana, la desviación estándar, el error estándar, el mínimo, el máximo, el cuartil 1 y el cuartil 3) para las quejas presentadas en C.P. (federales y estatales), 2017-2021, demuestra una media anual de 7,597 quejas presentadas con una variación relativamente alta de 5,052 quejas por cada año y de hecho, el valor máximo de las quejas (16,566 para 2019) es casi 380% del valor mínimo (4,364 para 2017). Esta variación también se puede observar en el Histograma 14.

Tabla 14.1.- Estadística descriptiva para Quejas presentadas en C.P. (Federales y Estatales), 2017-2021. (Salida de Minitab®).

Descriptive Statistics: Federal y Estatal						
Variable	N	Mean	Median	TrMean	StDev	SE Mesn
Fed y Esta	5	7597	5868	7597	5052	2259
Variable	Minimum	Maximum	Q1	Q3		
Fed y Esta	4364	16566	4831	11228		

Histograma 14.- Gráfica de histograma para Quejas presentadas en C.P. (Federales y Estatales), 2017-2021. (Elaboración propia).

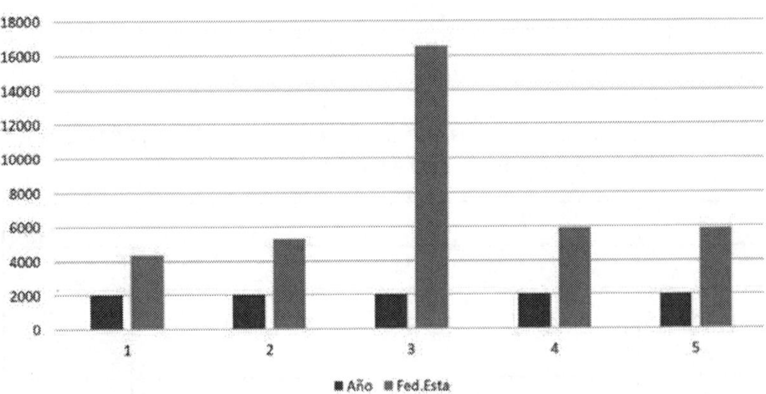

Cabe destacar que la distribución de los datos de las quejas presentadas en C.P, (federales y estatales), 2017-2021, no son normales según el valor de probabilidad de <0.01 de la Prueba de Normalidad de Komogorov-Smirnov y un valor de D igual a 0.432 (Figura 14.1).

Figura 14.1.- Gráfica de probabilidad normal para las Quejas presentadas en C.P. (Federales y Estatales), 2017-2021. (Salida de Minitab®).

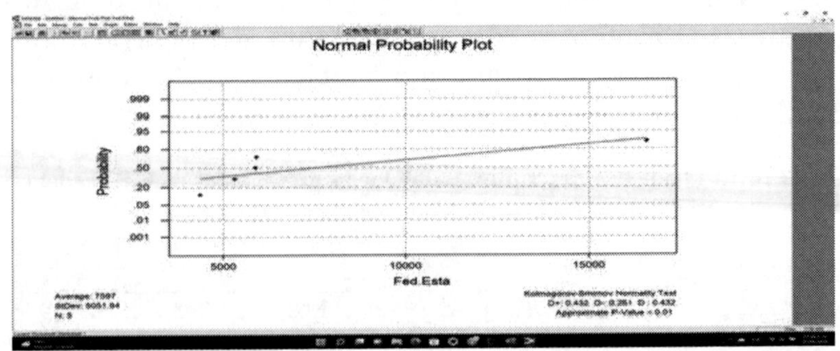

Para demostrar la probable asociación entre las quejas presentadas en C.P. (federales y estatales), 2017-2021 y los años, se utilizó el moldeo de correlación de Pearson (Tabla 14.2) cuyo resultado indica un valor de coeficiente de correlación igual a 0.113 (una asociación positiva de solo 11.3%) lo cual no fue estadísticamente significativa con un valor de probabilidad igual a 0.857.

Tabla 14.2.- Correlación de las Quejas presentadas en C.P. (Federales y Estatales), 2017-2021 y los años. (Salida de Minitab®).

Pearson correlation of quejas Fed and Esta versus Año = 0.113
P-Value = 0.857

Además, para discernir la dependencia anual de las quejas, se condujo una regresión entre número de las quejas y los años (Tabla 14.3). Los resultados de la gráfica de los residuales versus valores ajustados también se indican en la Figura 14.3. Los resultados de la tabla arriba mencionada indican un incremento de 360 quejas por cada año a partir del año 2017. Cabe destacar que a pesar de la ausencia de una regresión estadísticamente significativa (p igual a 0.857), existen una tendencia de más de un tercio de un millar de aumento de quejas anualmente, lo cual es preocupante para las condiciones sociales de los PPLs.

Tabla 14.3.- Análisis de regresión: Quejas versus Año. (Salida de Minitab®).

The regression equation is: Quejas = - 719445 + 360 Año					
Predictor	Coef	SE Coef	T	P	
Constant	719445	3700739	-0.19	0.858	
Año	360	1833	0.20	0.857	
S = 5796 R-Sq = 1.3% R-Sq(adj) = 0.0%					
Analysis of Variance					
Source	DF	SS	MS	F	P
Regression	1	1296720	1296720	0.04	0.857
Residual Error	3	100791820	33597273		
Total	4	102088540			

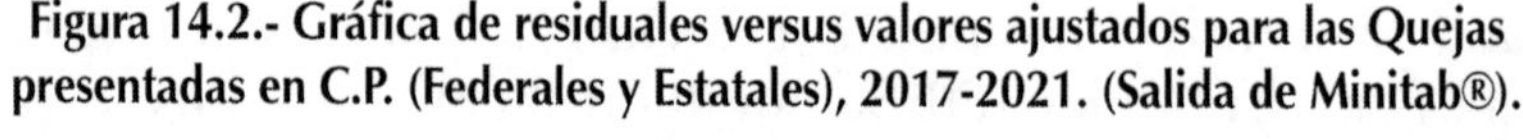

Figura 14.2.- Gráfica de residuales versus valores ajustados para las Quejas presentadas en C.P. (Federales y Estatales), 2017-2021. (Salida de Minitab®).

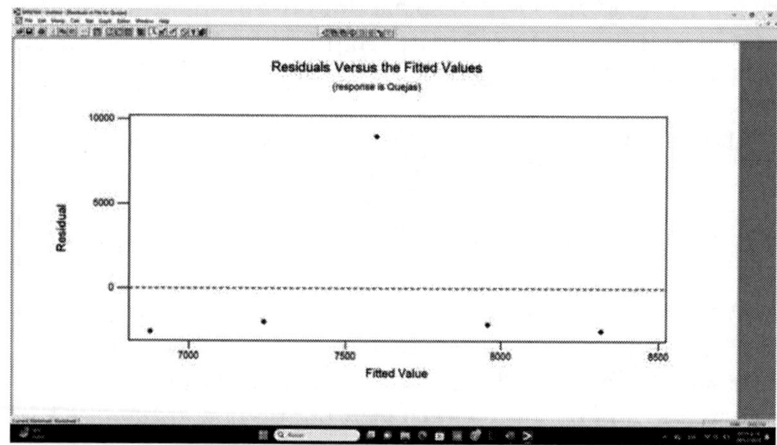

Resumen.–Con respecto a las quejas de los PPLs, de los resultados obtenidos para los 5 años (2017 – 2021) se concluye que existe una alta variabilidad (casi 4 veces entre el valor mínimo y el valor máximo) entre las quejas presentadas en C.P. (federales y estatales), 2017-2021. Además, existe una correlación anual muy ligera (11%) lo cual no es significativa, estadísticamente. Cabe destacar que a pesar de la ausencia de una regresión estadísticamente significativa hay una tendencia de incremento de más de un tercio de un millar de quejas anualmente, lo cual es preocupante para las condiciones sociales de los PPLs.

15.- % DE PPL EN C.P. QUE NO HA RECIBIDO SENTENCIA SEGÚN SEXO, 2017-2021.

Los datos de los % de PPL en C.P. que no ha recibido sentencia según sexo, 2017-2021 se indican en la Tabla 15.

Tabla 15.- % de PPL en C.P. que no he recibido sentencia según sexo, 2017-2021. (Elaboración propia desde INEGI cnspef_2018-2021).

Año	Hombre	Mujer
2017	32.4	32.9
2018	35.0	35.4
2019	35.2	35.7
2020	40.3	40.9
2021	41.5	42.1

El análisis descriptivo de los datos (Tabla 15.1, valores de tamaño de la muestra, la media, la mediana, la desviación estándar, el error estándar, el mínimo, el máximo, el cuartil 1 y el cuartil 3) para los % de PPL en C.P. que no ha recibido sentencia según sexo, 2017-2021, demuestra valores similares de tanto las medias como las deviaciones estándares para las mujeres y los hombres. Esta similitud también se puede observar en el Histograma 15. Cabe señalar que los % de las sentencias no recibidos tanto por los hombres como las mujeres se incrementa por cada año a partir del año 2017 (Tabla 15, Histograma 15).

Tabla 15.1.- Estadística descriptiva los % de PPL en C.P. que no ha recibido sentencia según sexo, 2017-2021. (Salida de Minitab®).

Descriptive Statistics: Hombres						
Variable	N	Mean	Median	TrMean	StDev	SE Mesn
Fed y Esta	5	36.88	35.20	36.88	3.86	1.72
Variable	Minimum	Maximum	Q1	Q3		
Fed y Esta	32.40	41.50	33.70	40.90		
Descriptive Statistics: Mujeres						
Variable	N	Mean	Median	TrMean	StDev	SE Mesn
Fed y Esta	5	37.40	35.70	37.40	3.92	1.75
Variable	Minimum	Maximum	Q1	Q3		
Fed y Esta	32.90	42.10	34.15	41.55		

Histograma 15.- Gráfica de histograma para los % de PPL masculina y femenina en C.P. que no ha recibido sentencia, 2017-2021.

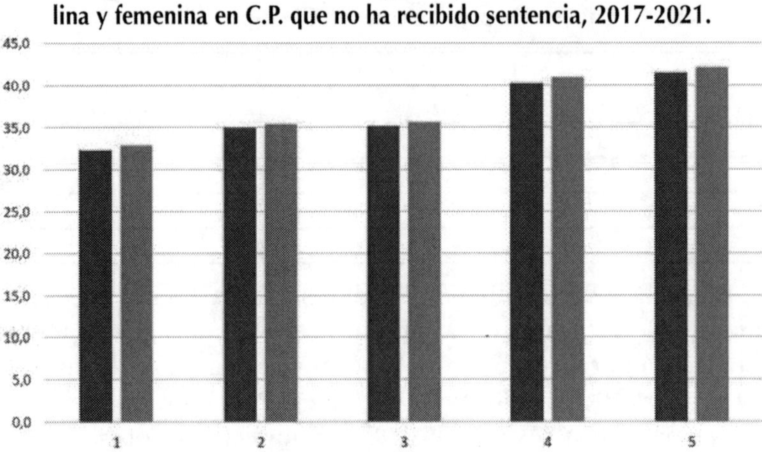

(Elaboración propia).

Cabe destacar que la distribución de los % de PPL en C.P. que no he recibido sentencia según sexo, 2017-2021, no son normales según el valor de probabilidad de >0.15 de la Prueba de Normalidad de Komogorov-Smirnov y un valor de D igual a 0.268 para tanto los hombres como el caso de las mujeres (Figura 15.1 y 15.2).

Figura 15.1.- Gráfica de probabilidad normal para los % de PPL masculina en C.P. que no ha recibido sentencia, 2017-2021. (Salida de Minitab®).

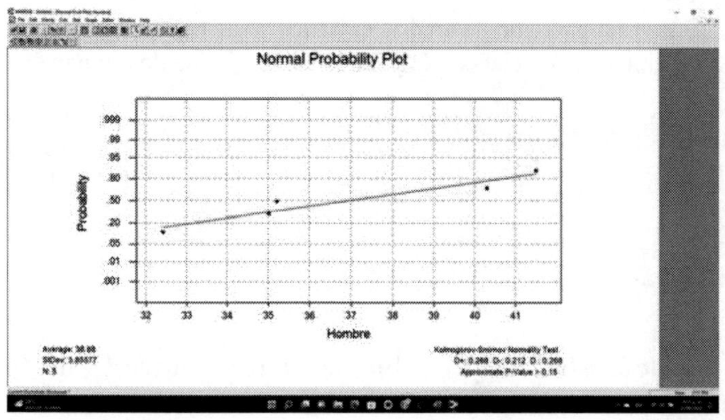

Figura 15.2.- Gráfica de probabilidad normal para los % de PPL femenina en C.P. que no ha recibido sentencia, 2017-2021. (Salida de Minitab®).

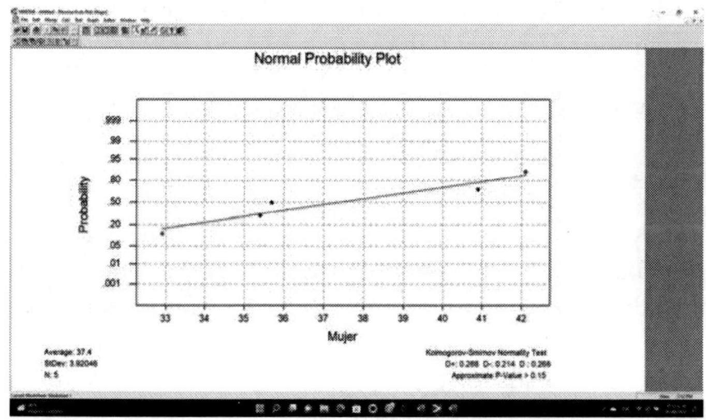

Para analizar la existencia de una diferencia estadísticamente significativa (alfa = 0.05) entre los promedios de los % de PPL femenina vs masculino en C.P. que no he recibido sentencia, 2017-2021, se empleó el modelo de t Student para dos muestras. Resultado de este modelo (Tabla 15.2) indica no diferencia estadísticamente significativa con un valor de t = -0.21 y con una probabilidad de p = 0.839.

Tabla 15.2.- Comparación de medias entre los % de hombres y mujeres (no ha recibido sentencias) en C.P., 2017-2021. (Salida de Minitab®).

Two- sample t-Test for Hombres versus Mujeres				
	N	Mean	StDev	SE Mean
Hombre	5	36.88	3.86	1.7
Mujer	5	37.40	3.92	1.8
Difference = mu Hombre - mu Mujer				
Estimate for difference: -0.52				
95% CI for difference: (-6.34, 5.30)				
T-Test of difference = 0 (vs not =): T-Value = -0.21, P-Value = 0.839, DF = 7				

Para demostrar la probable asociación entre % de hombres y mujeres (no ha recibido sentencias) en C.P., 2017-2021, se utilizó el moldeo de correlación de Pearson (Tabla 15.3) cuyo resultado indica un valor de coeficiente de correlación perfecta igual a 1.000 (una asociación positiva perfecta de 100%) lo cual fue estadísticamente significativa con un valor de probabilidad igual a 0.000.

Tabla 15.3.- Correlación los % de hombres y mujeres (no ha recibido sen-

Pearson correlation of Hombres and Mujeres sin recibir sentencias = 0.113
P-Value = 0.000

Debido a una correlación estadísticamente significativa (Tabla 15.3) y perfecta (coeficiente de correlación, r = 1.000), se procedió a realizar un análisis de regresión lineal entre los % de tanto los hombres como las mujeres que no han recibido sentencias versus los años. Los resultados se indican en las Tablas 15.4 y 15.5, respectivamente.

Tabla 15.4.- Análisis de regresión entre los % de los hombres sin recibir sentencias sobre los años recurridos (2017-2021). (Salida de Minitab®).

The regression equation is: Hombres = - 4708 + 2.35 Año					
Predictor	Coef	SE Coef	T	P	
Constant	-4707.8	759.3	-6.20	0.008	
Año	2.3500	0.3761	6.25	0.008	
S = 1.189 R-Sq = 92.9% R-Sq(adj) = 90.5%					
		Analysis of Variance			
Source	DF	SS	MS	F	P
Regression	1	55.225	55.225	39.05	0.008
Residual Error	3	4.243	1.4143		
Total	4	59.468			

Tabla 15.5.- Análisis de regresión entre los % de las mujeres sin recibir sentencias sobre los años recurridos (2017-2021). (Salida de Minitab®).

The regression equation is: Mujeres = - 4788 + 2.39 Año					
Predictor	Coef	SE Coef	T	P	
Constant	-4788.0	769.6	-6.22	0.008	
Año	2.3900	0.3812	6.27	0.008	
S = 1.205 R-Sq = 92.9% R-Sq(adj) = 90.5%					
		Analysis of Variance			
Source	DF	SS	MS	F	P
Regression	1	57.121	57.121	39.31	0.008
Residual Error	3	4.359	1.453		
Total	4	61.480			

Como se puede observar los resultados de las Tablas 15.4 y 15.5, en ambos casos masculino y femenino, las regresiones son estadísticamente significativas y los coeficientes de regresión son igual a 2.35 (hombres) y 2.39 (mujeres) con valores de probabilidad para ambos igual a 0.008. Estos resultados indican que, a partir del año 2017, el % de las sentencias no recibidas incrementa el 235% y el 239% anualmente para los hombres y las mujeres, respectivamente.

Resumen.–De los resultados obtenidos para los 5 años (2017–2021) se concluye que existe una alta similitud entre los % de PPL en C.P. que no ha recibido sentencia según sexo, 2017-2021. No existe diferencia estadísticamente entre las medias de los % los hombres y las mujeres en C.P. que no ha recibido sentencia durante 2017-2021. Sin embargo, hay correlación estadísticamente significativa entre los % los hombres y las mujeres en C.P. que no han recibido sentencia durante estos 5 años. Además, los resultados del análisis de regresión indican que, a partir del año 2017, el % de las sentencias no recibidas incrementa el 235% y el 239% anual para los hombres y las mujeres, respectivamente, e incluso con valores predictivos de casi 93%.

Conclusiones generales

1.- Con respecto a los espacios dedicados a las Centros Penitenciarias (C.P.) federales y estatales, 2017-2021, existe en término promedio, más espacios dedicados a las penitenciarías estatales que federales. Esto refleja la mayor población de las Personas Privadas de Libertad (PPL) para casos estatales que federales. Esta conclusión también está apoyada por el hecho de la ausencia de una asociación significativa (presencia de 70.1% de correlación negativa no significativa) entre los espacios federales y estatales. Anualmente, hay una disminución significativa en los espacios federales, y un aumento no significativo en los espacios estatales y totales. Los espacios tanto federal como estatal, no son predictores significativos de los espacios totales.

2.- En cuanto a los presupuestos asignados a C.P. federales y estatales, 2017-2021, hay en término promedio, más presupuestos dedicados a las penitenciarías federales que estatales. Esto a pesar de la mayor población de las Personas Privadas de Libertad (PPL) para casos estatales que federales. Además, se observa un aumento anual de presupuesto igual a 3,889 y 3,151 unidades para el caso federal y total, respectivamente, y a su vez, una disminución de 739 unidades anual para el caso estatal. Se destaca que solamente, los presupuestos federales (y no los estatales) son predictores estadísticamente significativas de los presupuestos totales y con una potencia predictiva y significativa superior a 96%.

3.- Con relación a la infraestructura física asignada a C.P. federales y estatales durante los cinco años de 2020-2021, existe en término promedio, más infraestructura física para 2021 que 2020 (aunque sin diferencia estadísticamente significativa). Los datos de los dos años están correlacionados significativamente. Además, los datos de la infraestructura de cada año constituyen un predictor estadísticamente significativo de los datos totales.

4.- En relación con las personas adscritas a C.P. federales y estatales, 2017-2021, existe una repartición muy similar (aproximadamente, 20%) de la Personal adscrito a penitenciarías estatales durante los años 2017 a 2021. La máxima adscripción fue para el año 2017, la mínima para el año 2021 y con los datos de otros años ubicados a nivel intermedio. En término promedio, hay un poco de 40 mil personas adscritas a estos centros anualmente.

5.- Con respecto a los ingresos a C.P. federales y estatales, 2017-2021, existe en término promedio, más ingreso a las penitenciarías estatales versus federales. De hecho, las medias de ingreso a los C.P. federales y estatales son significativamente diferentes. Además, se puede apreciar un flujo de ingreso anual negativo y positivo para C.P. federales y estatales, respectivamente. Las cantidades de los ingresos a las penitenciarías estatales, más no federales, son estadísticamente predictores significativas de las cantidades de los ingresos totales.

6.- En término de los egresos de C.P. federales y estatales durante 2017-2021, en función de promedio, hay menos egreso a las penitenciarías federales versus estatales. Las medias de egreso de los C.P. federales y estatales son significativamente diferentes. Además, se puede apreciar un flujo de egreso anual negativo en los C.P. federales y estatales, respectivamente (aunque la cantidad de egreso de los C.P. estatales son casi 3 veces versus federales). Se destaca que las cantidades de los egresos de las penitenciarías estatales son estadísticamente predictores significativas (R cuadrada superior al 94%) de las cantidades de los egresos totales.

7.- Con respecto a la dinámica de ingresos y egresos de los C.P. federales, para los cinco años (2017–2021) se concluye que existe en término promedio, la misma cantidad de los ingresos e egresos de los C.P. federales, sin una diferencia estadísticamente significativa entre las medias. Además, se puede apreciar que anualmente, hay más egreso versus ingreso, y una reducción anual paulatina de la diferencia entre el egreso, el ingreso y también en % de esta diferencia indexada en base al ingreso.

8.- En cuanto a la dinámica de ingresos y egresos de los C.P. federales, para los cinco años (2017–2021) se concluye que existe en término promedio, una mayor cantidad de egreso que ingreso a los C.P. estatales, sin una diferencia estadísticamente significativa entre las medias. Además, se puede apreciar que anualmente, hay más egreso versus ingreso (con excepción de los años 2019-2021), con una reducción paulatina (excepto los 3 años de 2019-2021) de la diferencia entre el egreso e ingreso y también del % de esta diferencia indexada en base al ingreso.

9.- De los resultados obtenidos para los 5 años (2017–2021) se concluye que existe en término promedio, casi 19 veces más hombres que mujeres en los C.P., con una diferencia estadísticamente significativa entre sus promedios. Además, el incremento del número del hombre es casi 8 veces por año versos el número de las mujeres.

10. En término de los rangos de edades de PPL para los 2 años (2020–2021) se concluye que existe en término promedio, similar % de hombres y mujeres en término de los rangos de las edades en los C.P. para cada año, sin una diferencia estadísticamente significativa entre estas medias anuales. Además, se encontró una correlación estadísticamente significativa entre la cantidad masculina y femenina en función del rengo de edad tanto para 2020 como para 2021.

Los rangos de edades (25-29, 30-34 y 35-39) constituyeron los porcentajes mayores entre todos los rengos de edades.

11.- En función de % de Personas Privadas de Libertad en C.P. según escolaridad y sexo, 2021, existe en término promedio, alta similitud entre hombres y mujeres en cada nivel de escolaridad en los C.P., sin una diferencia estadísticamente significativa entre estas medias y con una asociación positiva significativa entre las mujeres y los hombres, en término de los niveles de escolaridad.

12.- De los resultados obtenidos para los 2 años (2020–2021) sobre las discapacidades, se concluye que existe una alta similitud entre los años 2020 y 2021 sin una diferencia estadísticamente significativa entre las medias y con una asociación significativa entre los dos años de 2020 y 2021. Además, los niveles mayores de personas con discapacidad ocurren en casos siguientes: dificultad para ver, dificultad para caminar, dificultad para actividad diaria, otro tipo de dificultad distinto de los demás mencionado en esta sección.

13.- En término los % de menores de 6 años con madres de PPL en C.P. según sexo del menor, para los 2 años (2020–2021), se concluye que existe una alta similitud entre los años 2020 y 2021 en los C.P., sin una diferencia estadísticamente significativa entre las medias (diferentes sexos en el mismo año y también mismo sexo en diferentes años) y con una asociación significativa positiva también entre diferentes sexos en el mismo año y también entre mismo sexo en diferentes años. Se estaca que más de 80% de los % ocurren para los rangos de edades de "menor de 1 año", "1 año" y "2 años", tanto para cada género como para cada año.

14.- Con respecto a las quejas de los PPLs, en C.P. estatales y federales, y de los resultados obtenidos para los 5 años (2017 – 2021) se concluye que existe una alta variabilidad (casi 4 veces entre el valor mínimo y el valor máximo) entre las quejas presentadas en C.P. (Federales y Estatales), 2017-2021. Además, existe una correlación anual muy ligera (11%) lo cual no es significativa, estadísticamente. Cabe destacar que a pesar de la ausencia de una regresión estadísticamente significativa hay una tendencia de más de un tercio de un millar de quejas anualmente, lo cual es preocupante para las condiciones sociales de los PPLs.

15. En función de os % de PPL en C.P. que no ha recibido sentencia según sexo, 2017-2021, y de acuerdo con los resultados obtenidos para los 5 años (2017–2021) se concluye que existe una alta similitud entre estos %. No existe diferencia estadísticamente entre las medias de los % los hombres y las mujeres en C.P. que no ha recibido sentencia durante 2017-2021. Sin embargo, hay correlación estadísticamente significativa entre los % los hombres y las mujeres en C.P. que no ha recibido sentencia durante estos 5 años. Además, los resultados del análisis de regresión indican que, a partir del año 2017, el % de las sentencias no recibidas incrementa de forma preocupante el 235% y el 239% anual para los hombres y las mujeres, respectivamente, y además con valores predictivos de casi 93%.

Referencias

AFP (2022, noviembre 3). Estalla en Ecuador nuevo motín carcelario. El norte.

Agencias (2022, Mayo 10) Deja 44 muertos motín en Ecuador. El norte.

AP (2021). Mueren 68 en balacera en cárcel de Ecuador. El norte.

AP (2021, septiembre 29). Ascienden a 100 los muertos por motín en Ecuador.

AP (2022, octubre 2). Mueren 15 reos en nuevo motín carcelario en Ecuador. El norte.

AP (2022, octubre 16). Mueren 4 en incendio en penal para reos políticos de Teherán. El norte.

AP y AFP (2022). Deja 12 muertos motín en cárcel de ecuador. El norte.

Archer, M. (2009). Teoría social realista. El enfoque morfogenético. Chile, Ediciones Universidad Alberto Hurtado.

Aron, R. (2004). Las etapas del pensamiento sociológico. Madrid, Editorial Tecnos.

Avilés, E. (2017). El fenómeno de las prisionalización: complejo penitenciario Islas Marías. RICSH Revista Iberoamericana de las Ciencias Sociales y Humanísticas, 6(12),

Azaola, E. (2007). Las condiciones de vida en las cárceles mexicanas. Revista Mexicana de Ciencias Políticas y Sociales. XLIX (200), 87-97.

Baert, P. (2001). La teoría social en el siglo XX. Madrid, Alianza Editorial.

Badii, M.H. y J. Castillo (eds). 2007. Técnicas Cuantitativas en la Investigación. UANL, Monterrey.

Badii, M.H., J. Castillo, J. Landeros y K. Cortez. (2009). Papel de la estadística en la investigación científica. Pp. 1-43. In: M.H. Badii & Castillo (eds). Desarrollo Sustentable: Métodos, Aplicaciones y Perspectivas. UANL. Monterrey.

Badii, M.H., A. Guillén y J.L. Abreu. (2010). "Representatividad estadística en las ciencias sociales". Daena. Vol. 5 (2): 170-218.

Badii, M.H., A. Guillén Gaytán y M.A. García Martínez. (2019). Métodos Estadísticos un Espacio en el Derecho. Fontamara, México. 153 pp. ISBN: 978-607-736-530-3.

Badii, M.H. y A. Guillen Gaytán. (2022). Herramientas estadísticas en criminología. Caso de estudio: Violencia contra la mujer, México, 2020. 33: 1-29. Otoño septiembre 2021-marzo 2022.

Badii, M.H., A. Guillen Gaytán, D. Castillo Martínez y M. García Martínez, (2023a). Violencia contra la mujer, contraste entre prepandemia y pandemia de COVID-19, búsqueda de patrones estadísticos-sustentables. 34: 1-20. Primavera-marzo-septiembre 2023.

Badii, M.H., A. Guillen Gaytán, D. Castillo Martínez y M. García Martínez, (2023b). Análisis estadístico de la violencia contra la mujer en México en función de los ámbitos y rasgos sociodemográficos. 34: 1-18. Primavera-marzo-septiembre 2023.

Badii, Mohammad H., Amalia Guillén Gaytán y Juan Antonio Caballero. (2023c). Violencia Contra la Mujer, México 2015-2021, Un Abordaje Estadístico. Thomson Reuters, México, 215 pp, ISBN: 978.607.474.763-8.

Balandier, G. (1988). Modernidad y poder. El desvío antropológico. Madrid: España, Ediciones Júcar.

Bauman, Z. (1994). Pensando sociológicamente. Buenos Aires: Argentina, Ediciones Nueva Visión SAIC.

Bauman, Z. (2008). Múltiples culturas, una sola humanidad. Argentina, Katz Editores.

Bauman, Z. (2011). 44 cartas desde el mundo líquido. Barcelona: Paidós (Espasa Libros S.L.U.).

Bauman, Z. y D. Lyon. (2013). Vigilancia Líquida. Barcelona: España, Paidós.

Bergman, M. y E. Azaola. (2007). Cárceles en México. Cuadros de una Crisis. URVIO. Revista Latinoamericanas de Estudios de Seguridad. 1, 74-87.

Castells, M. (1981). Crisis urbana y cambio social. España: Siglo XXI Editores.

Chafón, C. (2004). Historia de la arquitectura y el urbanismo mexicanos. México: Fondo de Cultura Económica.

Durand, J.N.L. (1981). Compendio de lecciones de arquitectura. Madrid, Pronaos.

El norte. (2021, Octubre 24). Encuentran a otros 7 reos muertos. El norte.

García, E., (2009). Lorenzo de la Hidalga. Proyecto de penitenciaría (1848-1850). Anales del Instituto de Investigaciones Estéticas, XXXI (95), 157-172.

García V.C. (2016). Teorías e historia de la ciudad contemporánea. Barcelona, Gustavo Gili.

Grupo Reforma (2022), Julio 18). Riña en cárcel de Ecuador deja 13 muertos. El norte.

Guillén Gaytán, Amalia y Mohammad H. Badii (Editores). (2023). Paradigmas Actuales del Poder Judicial. Tirant lo Blanch. México, 237 pp. ISBN: 9788419825162.

Habermas, J. (1985). Conciencia moral y acción comunicativa. Barcelona, Ediciones península.

Han, B. (2013). La sociedad de la transparencia. Barcelona, Herder Editorial.

INEGI Censo Nacional de Sistemas Penitenciario Federal y Estatales (cnspef_2018-2021).

Katzman, I. (1993). Arquitectura del siglo XIX en México. México, Editorial Trillas.

Minitab®. Pennsylvania State University. Estados Unidos de América (EUA). 2021.

Miranda, M.J. (1979). El panóptico. Madrid: España, Las Ediciones de La Piqueta.

Mumford, L. (1979). La ciudad en la historia, Buenos Aires: Argentina, Ediciones Infinito.

Mumford, L. (1995). El mito de la máquina. Teoría y evolución humana. España, Pepitas de calabaza ed.

Muñoz, F. (2008). Urbanalización. Barcelona, Gustavo Gili.

Osses-Paredes, C. y Riquelme-Pereira, N. (2013). Situación de salud de reclusos de un Centro de Cumplimiento Penitenciario, Chile. Revista Española de Sanidad Penitenciaria, 15(3), 98-104.

Plazola. (2001). Enciclopedia de Arquitectura. Volumen 9. México, Plazola Editores.

Pontón, D. (2022). Las nuevas cárceles en Ecuador: un ecosistema para la reproducción del crimen complejo. Universitas – XXI. Revista de Ciencias Sociales y Humanas, 27, 173-199.

Real Academia Española (2014). Diccionario de la lengua española, 23a Ed., [versión 23.4 en línea].

Reuters. (2022), Noviembre 2). Nuevo enfrentamiento en prisión de Ecuador deja dos muertos. El norte.

Quidel Gacituaf, C. (2007). Sistema penitenciario chileno: aspectos sociales y psicológicos. Cuadernos de neuropsicología, 1(3), 296-302.

Ricoeur, P. (1997). Narratividad, fenomenología y hermenéutica. Anàlisi: Quaderns de Comunicació i Cultura, 189-207.

Ricoeur, P. (1986). Política, sociedad e historicidad. Buenos Aires: Argentina, Prometeo Libros.

Valladares, A. (1988). Contra toda esperanza. Las prisiones de Fidel Castro. Costa Rica. Litografía e Imprenta LIL, S.A.

Varón, D.A. (2014). La conciencia jurídica de los jóvenes: el caso de las organizaciones sociales de jóvenes en Bogotá. Revista VIA IURIS, 16, 119-137.